對付難搞魔人的不內傷心理學

64個讓人生瞬間舒爽的心理溝通技巧

やっかいな人に振り回されないための心理学

齊藤勇 著

周天韻 譯

最近，
我有所發現。
笨蛋！
笨蛋！
職場上充斥著
許多怪咖……
我的天啊！

朋友之中
有問題的也不少……
七嘴八舌
七嘴八舌
唉
好男人根本
不存在……
嘿！
天啊！！！！

家人也很……
嗯，難搞……
BOOOO
不要再來了!!!
啊，
就連客戶裡也有那種……
和怪人只有一線之隔的人……
嘟囔
喔，不!

啊啊啊，這些人真煩……
昨天要面對他們，
今天要面對他們，
明天想必還是要面對他們，
麻煩死了，這些人!!!
我們感到很困擾！！！

跳
心理學……
要不要試試用心理學來解決你的煩惱呢？
什麼？心……心理學！？
你——你哪位啊？！
別、別怕，這對你只有幫助沒有壞處……
竊竊私語
嗯嗯……
REALLY!?

在你生活中登場的人物，通常都很麻煩。
對於在現代社會求生存的我們來說，
這是一個絲毫不誇張的事實。

無論是職場上、客戶方，或是追求者，
甚至是身邊的親友，每每都讓我們耗盡精力。

在這本書中，
將以容易想像的真實情境並
搭配插畫的方式，
告訴你有效對付這些麻煩人務的心理學技巧。
鄰居、同事、上司、朋友、夥伴、家人、親人……
歡迎大家帶入自己生活周遭的「麻煩人物」，
一邊閱讀本書。

在感到精疲力盡之前，
這本書會為讀者帶來解決煩惱的提示。

Contents

CHAPTER

02

對付豬隊友的心理術

CHAPTER 03

對付白目男子的心理術

CHAPTER 04

對付麻煩親戚的心理術

CHAPTER

05

對付難搞客戶的心理術

Chapter 01

對付職場怪咖

的心理術

麻煩人物 01

面對囉嗦的上司
用冷靜的（不）同步
就能翻轉局面

首先，要釐清上司的類型

你的上司對部屬下指令的時候，會採取什麼方式呢？從一個人命令人的方式，其實可以看透他的心理。例如，如果是會走到部屬辦公桌旁交代工作的上司，雖然在工作上零容忍、工作能力強，卻不會是靠上下關係壓制部下的類型，可以算是理想型上司。另一種就比較累人，是會刻意把部下叫到自己座位旁指示工作，展示權力型的上司。這一種人，多半也沒有什麼實力。

下指示聲音粗魯、說話像在威脅人一樣的上司，通常做事隨便又喜歡勉強他人；交代事情喜歡私下小小聲聲說的上司，通常是奉行息事寧人主義的怕事之人。不過，比起這些例子裡的人物，更麻煩的是攻擊型上司。就算是野生動物，也只會在空腹或是遇到危險的時候才攻擊人類，但是在企業叢林中，卻還存在攻擊型上司這種稀有的品種。

POINT
上司無故發脾氣的時候該怎麼辦？
上司也是人。也許在他的立場上有不為人知的不安或焦慮，如果能這樣想，面對上司無來由地發脾氣，你會更容易控制自己的情緒喔。

如何使用「同步」與「不同步」的心理技巧？

如果身邊有一個具攻擊性的上司，許多人肯定會過著愁眉苦臉的生活，每天低著頭在忍耐中等待暴風雨離境。當然，可能也有人會嘗試反擊，打算「以牙還牙」。不過，以上任何一種對應方式都不是正解。切記，不能和對方的步調同步（pacing），不然你的行為僅僅是實現了對方的期待。也就是說，對於對方的步調你照單全收，在被擺佈下壓力不斷累積，而對方的攻擊性也沒有畫下休止符的一天。所以，重點是同步與不同步的技巧配合時機。

當對方積極發言時，便是使用同步技巧的時候。「我在這個案子上受到客戶大大地讚賞」等，當他在述說過去的光榮事蹟時，附和對方「太佩服了！」、「真的就像您說的那樣！」眼睛閃著欽羨的目光，讓對方越說越起勁。

有問題的是當對方顯露敵意的時候。這時，只要不讓對方

注意(CAUTION)
別說：「啊……對不起！」
就算因為害怕而無法表達，但只要能說出「YES」、「NO」就沒問題。不受對方的步調擺布、表達出自己的意見很重要！

看到你畏縮或慌張的動搖姿態，就成功一半了。然而，這時若你不反擊，也等於是配合對方的步調，因此，可以使用「真的是這樣嗎？」、「我不這麼認為」等冷靜地陳述對方錯誤的地方。只要這麼做，便可以完全破解對方的怒氣與步調，當他感到詫異，便是他的氣勢被削弱的時候。

也就是說……

對於具有攻擊性的上司採取防禦手段，削弱對方的氣勢。

即使對方暴怒，
應對態度上也不退縮！
真的嗎？
啊……？
你～你是認真的嗎？
算了，跟你說也沒用！

麻煩人物 02

面對笨蛋老闆 就用「更大的老闆」來對抗他！

比努力工作更重要的是了解「上面的人」

不用自己腦袋思考的老闆，常把「年輕人做事我實在看不下去」掛在嘴邊，眼光經常是莫名其妙得高，當你被分配到這樣的人下面做事，日子通常會很難過。即使你努力表現，他也不會認真看待你，因為這樣反而被刁難也是常有的事。「最近的年輕人就是要這樣教」、「現在年輕人真是草莓族，我這麼做是要讓他們知道社會的嚴峻」，有些上司會像這樣燃起莫名的使命感，但是我們希望他能明白，企業並不是軍隊。

好了，如果你被指責的原因不是自己能力不足，而是上司的器量狹小，那加倍努力工作或是真誠回應上司就不是一個聰明的選擇。

這時，可以善加利用心理學上「訴諸權威」（Appeal to authority）的力量，讓自己的工作進展更順利。

POINT
什麼是「訴諸權威」？
借用專家或對方尊敬的人物的話來佐證自己的主張。權威者名字的出現，會讓發言內容更具有說服力，也更容易取得對方的認同。

記下老闆的老闆的發言

中國有句成語叫「狐假虎威」，故事用來比喻一個人利用有權力的人來虛張聲勢。「那個前輩，位置明明沒多高，只是因為協理喜歡他，就搞得自己多有實力一樣，真討厭。」像這樣，這個詞彙多半是指沒有實力、以他人為後盾讓自己看起來更厲害的小人。而利用這件事反過來駁倒他，就是訴諸權威的力量。也就是說，當你的課長囉囉嗦嗦說了一堆，你可以這樣回他：「這樣喔，但是協理是這樣指示的耶，那我該怎麼辦？」像這樣，端出更上位者的話。引用的人，如果是該上司尊敬的對象，會更有效果。記得平常就要多多記錄大老闆的發言

電視新聞、報章雜誌也常用這種手段來發表內容，例如我們會看到「某犯罪評論家」、「前警察局局長」以評論者身分上節目發言。觀眾或讀者就算不認識此人，也會因為對方

NG WORD
我會努力的！
「除弱扶強型」的老闆，就算部下再怎麼努力也不會給予正面評價。比起強調自己的努力，不如利用公司內的威權人士！

的專家身分，對其發言莫名地感到信服。人在權威面前都是渺小的。老闆的老闆、大學教授、主播……請徹底地利用這些權威人士吧！

也就是說……

老闆上面還有老闆，把大老闆端出來讓笨蛋上司閉嘴吧！

但部長是
這樣說的耶……
態度巨變也沒關係，
不要再強求老闆的評價！
麻煩的
工作
部長說的喔？
那、那，就這樣吧。

麻煩人物 03

面對完美主義者可用「依賴感」去撫慰他的孤獨

讓他們認識「被依賴」的快樂

每個人都想把工作盡量做好，但是工作畢竟有時間與成本考量，現實常常是我們必須要做出妥協。如果凡事都要求完美，一切可能會沒完沒了，有時候努力能導向更好的成果，但有時候只會帶來過度的加班，或是忽視成本，為其他部門的人造成困擾。過度的完美主義，會帶來不安。

完美主義者經常會感到孤獨。他們犧牲自己，卻被身邊的人認為是「無法理解」、「我們跟不上你」，與周遭的人逐漸形成一股距離。為了避免這種不幸的情況發生，刻意對完美主義者提出「這個工作，可以請你協助我嗎？」的請求，或許是個不錯的方式。不僅可以療癒對方的孤獨感，也能讓對方傾全力相助。

POINT
要如何拜託完美主義者？
全部都拜託對方的話，因為對方的要求完美，反而會花費過多的時間。拜託對方的時候，鎖定對方最擅長的領域就好。

CHAPTER.01 職場怪咖
CHAPTER.02 豬隊友們
CHAPTER.03 白目男子
CHAPTER.04 麻煩親戚
CHAPTER.05 難搞客戶

不要和完美主義者站在同一個戰場

面對完美主義者，你如果說出「差不多這樣就好」之類的話，反而會引起反彈。在不影響對方工作的情況下，試著提出請求「可以請你幫我嗎？」，不僅能夠撫慰對方的被孤立感，也能夠達到高品質的成果，以成果論來說，可以說是非常優秀的策略。完美主義者，本身其實並不喜歡被孤立，甚至可以說他們為了成就「完美的自我」經常要做出莫大犧牲，因此你提出的求助，其實是一個溫柔的舉動。有些人或許會認為，這是利用被大家保持距離的人的弱點，心理上有點過不去，但是，讓被孤立者持續被孤立，也是不對的。

重點是，你不能和對方站在同一個戰場，若是配合對方的步調，你將會被迫做出莫大的犧牲，或是被人以同樣的眼光比較（你與完美主義者），更是糟糕的一件事。

對於一起共事的人，尊重對方的專業領域才是聰明之舉。

NG WORD
這件事可以輕鬆一點地處理吧～
以親切的舉動去緩解完美主義者的緊張是不必要的，這會讓對方意氣用事，或引發不必要的反彈，記得只要巧妙地拜託對方就好。

因此，只要是對方擅長的領域，就全權委託他，盡量地依靠沒關係。只要記得，屆時務必表達「您真的太厲害了！無論公私方面都讓人信賴」的感謝之語。完美主義者至今已經品嘗過太多的孤獨，只要有人求助，相信一定會傾力相助。

也就是說……

完美主義者都很孤獨。好好地拜託他們，邁向雙贏的關係吧！

請讓我借用一下您的智慧。
撫慰完美主義者的孤獨感！
真拿你沒辦法。要幫忙也是可以……（成功了！）

麻煩人物 04

對愛說教的前輩發動「照鏡子攻勢」讓他閉嘴！

讓他看見自己生氣的模樣

不論在哪個職場，總會存在那種一生氣起來肢體語言特別多的愛說教大叔。你無法預測何事會引爆他憤怒的導火線，他會因為任何你想像不到的事情生氣，並散播不愉快的氣氛，這樣的人物說是公害也不為過。

若是自己有錯，我們不介意大方道歉或展現誠意彌補過失，然而若是這種不必要的憤怒成了辦公室的日常風景，就必須有所對策了。對此，我們可以採取一個有效的「情緒管理」（anger management）防禦技巧。

具體而言，當對方開始生氣時，可以誘導他進入一個設有鏡子的房間，讓他親眼看到「憤怒中的自己」，藉此讓他找到自己，回到冷靜的狀態。

POINT
什麼是「情緒管理」？
情緒管理是為了人身安全而採用的一種心理療程，目的是防範以憤怒為中心的情感。管理的情緒不只怒氣，不安、悲傷、不滿、悔恨等也包含其中。

要滅火，第一步最重要

若分析經常動怒的人，我們會發現這樣的人在生氣的時候，對於自己的情感或發言，他的情緒經常處於一種興奮狀態。另一方面，腦生理學告訴我們，當人類的憤怒情感達到最高潮，它能夠維持的時間不過是6秒鐘。

也就是說，只要在一開始能夠削弱對方的戰意，就不用擔心對手會不斷對你動怒。若你的職場上有那種非常愛發脾氣的人，或許可以在辦公環境放置一面大鏡子。

情緒管理可說是今日相當受到注目的心理療法，這或許也是因為越來越多的人受困於自己的怒氣或焦躁情緒，與身邊的人處不來，開始思索「到底該怎麼辦？」一氣之下說出無心之言，事後再感到後悔，大家或多或少都有過這樣的經驗。動怒的一方看似發洩了情緒而變輕鬆了，但實則壓力還是不斷地在累積。

注意(CAUTION)
如果房間中沒有鏡子該怎麼辦？
讓對方喝水也有類似效果，大概一杯馬克杯的量就夠了。另外，若對方稍微冷靜下來，也可以建議他做一下深呼吸運動。

當你感到憤怒，試著先忍耐6秒。妥善的情緒管理，可以讓你不犯下和愛說教大叔一樣的毛病。

也就是說……

只要「照鏡子」這個動作就能讓怒氣消失！試試妥善的情緒管理吧。

帶他到一個有鏡子的房間
讓他看到自己的模樣吧！
這個傢伙真醜陋……
咦!?
（哎呀，我憤怒的樣子真是難看！）

麻煩人物 05

控制優柔寡斷上司的魔法句子「您的意思是？」

令人惱怒的優柔寡斷上司

工作上，許多時候有許多事情都必須仰賴老闆的判斷。但是當你提出詢問時，有些上司卻會不斷回覆「嗯……是沒錯。我想想～不過呢～這個好像……」，讓問的一方失去耐心。你心裡會想乾脆自己來決定還比較快，但不從人願的才叫工作。就算主動提出方案，對方也會擺出悠哉的態度「嗯，是不錯，但是呢……」，最後還是沒有決斷。

這種時候，推薦讀者的是「蔡式效應」（Zeigarnik effect）。具體而言，就是**向無法說出明確意見的上司詢問：「您的意思是？」光靠這個魔法句子，就可以逼迫無法當機立斷的上司。**「嗯，對，這兩個方案間我選B案！」像這樣做出決斷。

POINT
為什麼上司會如此優柔寡斷？
許多時候，上司的優柔寡斷來自於「不想承擔後果」的規避責任想法。在部下的判斷之下，失敗的時候他可以說：「因為某某的失誤……」

電視節目也經常使用的手法

「蔡式效應」的手法經常出現在我們的生活周遭，例如電視連續劇，會在關鍵時刻結束，再打上「未完待續」字幕，藉此在閱聽人心中植入強烈印象，使其不停回想。

這個由俄羅斯心理學家布爾瑪・蔡格尼克（Bluma Zeigarnik）所提出的現象，被稱為「蔡式效應」。此理論主張，**人類對於已完成事物因為達到滿足，會失去興趣；相反的，對於中途被打斷的事物會有更強烈的興趣，並留下深刻印象**。所以，電視劇若是一次播映完畢，閱聽人的興趣會較薄弱，但若是在最精彩的地方被迫中斷，觀眾會產生強烈興趣，認為這一齣戲「一定要看下一集」。綜藝節目也是如此，經常可以看到節目打上「廣告後，驚人的結果竟然是……!?」這樣的字幕，這也是利用蔡氏效應效果的手法之一。

NG WORD
你說清楚一點！
面對猶豫不決的人，你動怒只會把關係搞僵，估計也無法達成結論。善加利用蔡式效應，以聰明的方式引導出對方的答案吧！

試試看將這種效應使用在行事猶豫不決的上司身上吧。「所以您的意思是？」像這樣提出問題，讓老闆的心情透過蔡式效應的效果，出現想要進行到下一步的意識。他自己若不回答，這件事就不會有結果——基於這樣的不安，他不得不做出明確的結論。至於到了這個地步還無法提出答案的人，你最好認清他就是個無能之人。

也就是說……

「所以您的意思是？」這個問句，會讓對方心理上認為自己不得不做出結論。

所以……
您的意思是？
為了不讓結果模稜兩可，
將得到的結論整理在郵件中吧！
嗯，用消去法來看的話，
我應該會選 B 案……

麻煩人物 06

面對為難的工作用「期間限定」策略來完美拒絕！

比說「絕對不可能」的效果更好

總是突然分派工作下來的老闆，或是把要加班的工作都推給你的職場前輩，這樣的人物總是令人感到困擾。對此，無法說出「我手上的工作已經忙不過來」的人，只得被迫接受，或擔心惹怒對方會導致事情變得更麻煩。難道，我們就只能哭著臉認命了嗎？

沒有這回事。如果這一次不管說什麼你都想拒絕，有一個有效的方法既能夠不破壞對方對你的印象，也能夠有效回絕他，那就是「過去式限定條件」。將事情以「如果發生在過去就可以」的方式來說明，例如，有人叫你「後天晚上前整理完這份資料！」你可以說這麼說，「現在無法，如果您一週前就吩咐我的話一定可以，但……」讓你的意見成為「如果這個要求發生在過去，是沒有問題的」。這樣一來就算你的意思是拒絕，也不會讓對方有不愉快的感受。

POINT
使用「過去式限定條件」的訣竅是？
若你的回答是「4天後的話也許還可以……」這樣未來式的語法，對方就可以順理成章地說「那就麻煩你了」，記得把條件設成「一週前可以」這樣的過去式。

當你一定要拒絕令人不悅的要求時

拒絕工作還有一個方法，那就是提出一個遠超過對方期望的工作完成時間，讓他主動放棄。例如，對方如果指定「3天」，你就回答「3週後的話沒問題」，這就是「附加條件」的話術。不過，這一招也有對手突然回說「那就這樣好了！」的風險。對於無論如何都想拒絕的工作，或是惱人的前輩，我們需要的是風險更低的回擊方法。

露出「上個月的話還很有空……」等等可惜的態度，想必他也無法繼續強迫下去。要極端一點的話，甚至可以說「5分鐘前還有空，不巧……」畢竟過去的已經過去了。這是要拒絕對方時，絕對充分也通用的方法。

麻煩人物 07

發揮團隊力量讓討人厭的上司成為「公敵」！

有共同的敵人，就能繼續奮鬥下去

一個討人厭的上司，一定會造成職場不睦。同事們因為要看他臉色感到恐懼，或是在高壓環境下對彼此產生反感等。工作本身將無法再帶來愉悅的感受。這種時候，職員們應該把該上司視為「共同敵人」，採取團結一致的作戰。藉由創造**「只有他無法原諒」這樣的共同敵人，夥伴間的團結力將達到更大的效果。**這就像在第二次世界大戰時期，有許多國民即使在糟糕的生活環境中，為了國家也能夠堅持下去，團結一心。有了共同的敵人，才可能團結。這個因素至關重要。

這種「共同敵人」的作戰方式在女性成員間的效果更是卓著。科學上已經證明，當女人與對方採取同樣步調時，感覺會特別良好。

POINT
「共同敵人」好恐怖……
「共同敵人」不一定是壞人。例如在學校裡，因為霸凌某一個「討厭鬼」而聚在一起的霸凌團體，也是因為敵人而團結……

成年人的團結，品質要更好

「共同敵人」作戰，我們在學生的運動會上也經常看到。平常像盤散沙的同學，在運動會上團結一心，正是因為有共同的敵人才做得到。

但是，社會上的人際關係畢竟不同於學校運動會，也不是有限時間內決定勝負後就結束的事情，需要的是長時間的彼此磨合，一個組織若不能以團體為單位拿出成果，就會失去存在的價值。**凡事皆以自我族群的價值觀為中心來判斷事物，容易淪為「自民族中心主義」（Ethnocentrism）的氛圍，生活在安逸之中。**若是如此，要能在變化與競爭激烈的現代社會中生存，或是成就亮眼的履歷，恐怕都不容易。

因此，透過擁有共同敵人而團結，擁抱新價值觀或是積極接受多元的想法，就顯得格外重要。**目標是什麼？要如何達到勝利？自己絕不輸人的優點在哪裡？利用上司這個共同敵**

注意(CAUTION)
只要能打敗上司就ＯＫ！
這件事當然重要，但難得大家團結一致，為了讓組織中每個人都能愉快工作，切記不要淪為排他的保守團體。

人，希望你能至少懷有這樣的心機來交涉這些條件。如此一來，團結也有了真正的意義。

也就是說……

透過將惱人的上司視為共同敵人，提升團結力，以成為更好的組織為目標。

這是團隊成員一起決定的。
大家要團結，努力打敗我們的敵人！
啊？這樣啊？真是傷腦筋，那就大家一起努力吧！

麻煩人物 08

如果想讓對方聽你的話就用「疑問句」交涉！

改變問法就能改變對方

委託後輩做事，經常讓人覺得為難。若是語氣太輕，對方可能會拿翹拒絕，但若是拿出長官口吻，命令對方「先完成這個！」也可能會落人口實，被說態度驕傲。當然，這個決定也視個人的性格而定，然而就心理學的觀點而言，只要使用「疑問句」語氣，多半能傳達良好的印象。

所謂的「疑問句」，不是只是說「請你……」，而是「可以請你幫我……」，以這樣的技巧下指示。這類型問法在遇到爭執點的時候，也能發揮促使對方反省的效果。就算面對客戶，也可以嘗試改變語尾措辭，不用「可以請你提出申請書嗎？」，而是「可以請你幫我提出申請書嗎？」這樣一來，對方也會發現自己的不足之處。

POINT
對於別人的指示該如何回答？
風氣開明的公司，可以直接回答「了解」、「好」，但一般而言，「我了解了」、「好的」的回覆方式，一定能夠確保聽者的心情很愉悅。

有時候要迂迴地用點心機

有時候，會想對一直沒有成長的後輩說些重話。身為前輩，雖然是苦口婆心，但若是對方不巧有顆玻璃心，又要擔心他（她）「會不會明天就不來了？」實在難以啟齒。

這種時候，迂迴地用點心機是上策。當另一位（沒有關係的）B犯了類似錯誤，可以把想對A說的話，直接斥責B。透過間接暗示法的技巧，讓A聽到B被斥責的內容，A也會心生「我也要加油了」的想法。透過第三者聽到的內容，對自己沒有太大的衝擊，自然也能在不反彈的狀態下，誠實接受自己的缺點。只是，對B來說，他（她）是受到了無妄之災，如果對B有失態的地方，記得事後慰藉一下。

迂迴心機法還有一個要點。當後輩問了一個你無法回答的問題，有一個脫身的方法，畢竟被後輩發現弱點可不太好看。這種時候，反問對方：「你覺得呢？」是最好的方法。

注意(CAUTION)
該如何要求「容易反彈」的後輩？
面對喜歡回嘴的後輩，也建議用間接暗示法。直接的要求容易讓對方動怒，間接的方式意外地能讓這類型的人坦然接受。

荷蘭蒂爾堡大學（Tilburg University）的研究團隊經實驗證明，給予部下發言機會並認可部下的上司，好感度更高。

也就是說……

要交代工作給年輕後輩，比起斥責的方式，迂迴地用點心機效果更好！

做事情給我認真一點！
啊，我也要在被罵之前先改進這一點才行……
藉由他人的犧牲，用聰明的方法讓你鎖定的對象好好反省吧！

麻煩人物 09

不努力的後輩
要從「稱讚他」開始
一步步調教

只有斥責，對後輩沒有任何幫助

人有分兩種，「被稱讚會進步的人」，和「被斥責會進步的人」。能夠因材施教是最好的方式，但如果你還不清楚對方屬於哪一類型，請先用稱讚的方式。心理學讓我們知道，在過程中受到稱讚或是努力被看見，比起工作的成果更能增強員工的工作動機。

但是，看到那種做事情不認真的後輩，實在很難說出讚美的話嗎？放棄還太早，對於不認真做事的後輩，反而可以刻意稱讚他：「你做事很努力呢！」。這樣的方式可以讓當事人產生「被稱讚了，不努力不行」的積極想法。有些人，就是要被稱讚才會開始做事，請盡量去稱讚對方。

POINT
如果稱讚後被對方否認呢？
不習慣受到讚美的年輕人，被稱讚後可能會說「沒有啦」。這種時候，可以用「不會啊，在〇〇案子就可以看到你的努力了」來再度肯定對方。

如何讓唱反調的後輩變得服從？

前文介紹了如何讓沒有工作動力的後輩產生動力的技巧，讓後輩照著你的意思做事，也是前輩的工作之一。

另一方面，也有對前輩而言更有利的教育方式。**如果你希望教育後輩，讓對方能夠理解並順從你，可以採用心理學中稱為「YES的心理定勢」（mental set）的方法。**

首先，先用後輩一定會答應的事情來試試，舉凡拿影印文件、寄東西、資料歸檔等等。該後輩對於你的要求會回答「YES」，幾次反覆下來，他會處於一種難以拒絕你的心理狀態。這個時候，即使你委託他更大的案子，他也很難對你說「NO」，也不會懷疑你的要求。

其實，這個技巧也被用於許多在車站周圍募款的不知名團體。先是搭話、要求簽名……從很小的事情開始拜託竹「那給○○愛心捐款也麻煩您了！」當你被這樣要求的時候，情

POINT
什麼是「YES 的心理定勢」？
這是一種能讓你從小事開始慢慢提高要求的方法。「因為剛剛說了 YES 了！」人類有一種希望貫徹自己說法的心理作用，因此會變得難以拒絕。

況就會變得難拒絕，即使沒有意願也不得不捐款了。當你自己說出「好」的時候，務必要特別注意。

也就是說……

「YES」說久了，人的下意識會變得難以說「NO」！

謝謝。那這件事也麻煩你了可以嗎？
持續委託對方一定辦得到的事，將他訓練成 Yes Man。
好的，沒問題！（真是不好意思拒絕……）

麻煩人物 10

能力差勁的菜鳥先放生他也無所謂切忌緊迫盯人

「他人的視線」會造成工作效率降低！

手下有個能力差的菜鳥是一件很辛苦的事。你以為「為了他好！」所以疾言厲色，但是跟在身邊照料他並無法讓能力差的人變強戈最後的結果通常是你把對方弄哭，但其實你是最想哭的人。其實，緊迫盯人式的指導，可能會讓能力差的人更不知所措。

美國賓夕法尼亞州立大學（University of Pennsylvania）的心理學研究小組，針對 Bally 小鎮的購物中心停車場中的兩百輛汽車展開了調查。每個駕駛者，應該都有尾隨一輛看似要離開的車輛經驗吧？那麼，當四周有或沒有等待停車的車輛，駕駛者會較快駛離停車位嗎？一般認為當有人在等你的位子時，駕駛者會較焦急地把車輛開出來，但事實卻剛好相反。

POINT
什麼是「他人的視線」？
在賓州Bally市的調查中，阻礙效率行動的因素被認為是「他人的視線」。這個現象也適用於企業中當上司盯著下屬做事情時的情況。

無能的菜鳥可以視情況放生！

研究中，原本要駛離車位的駕駛者因為等待者的視線而感受到壓力，反而無法有效率地行動，甚至有人會與等待者作對，刻意慢慢駛離。工作上也是如此，從早到晚監視著事情做不好的菜鳥，只會讓他表現得越來越糟。

當然，完全不顧及菜鳥的工作，隨意放生的結果百分之百會讓你遭受池魚之殃。所以，建議的做法是不要「隨時」盯著對方，適時地給予他空間，這樣才是上策。從這個角度來看，辦公室座位配置上擁有個人位置或半開放空間的美式企業配置，或許會比無隔間、傾向讓老闆看到所有員工的日式企業配置來得有效率。

麻煩人物 11

不擅交際的菜鳥就把需費心處理的工作交給他！

怕生的人更適合要費心思索的工作

當你的下屬中，出現了一個有點距離感、面無表情，在你熱心招呼他後還經常得到「不用了」、「沒關係」的冷淡回答時，你該怎麼辦？或許不少人會選擇忍下怨言，認為這種時候更應該展現成熟人士的氣度，亦步亦趨地指導對方。然而在心理學上，正確的接觸方式卻是完全相反。比起劍及履及的照顧，你應該挑選有點麻煩的工作來讓對方負責。

這正是利用了心理學中「自我涉入」（ego-involvement）的觀念。當你將工作交付給他，菜鳥會比身為委託者的你花費更長的時間去思索工作，並陷入「我這麼努力回應他的要求，我一定是欣賞這個人」的認知失調狀態，接著也會變得喜歡你這個上司。

POINT
什麼是「自我涉入」？
指開始思考，或意識到特定事物。因為投入程度高，對於該事物的好感度也會越來越高。

對越麻煩的事物越有好感

有的人可能會擔心，把複雜的工作交給怕生的菜鳥，會不會讓他的溝通障礙越來越嚴重？不用擔心，美國有大學曾經針對「自我涉入」進行心理實驗，該實驗邀請了男女老少進行簡單的猜謎遊戲，參加者被告知會收到報酬，但收到報酬後可以直接離開的人只占了三分之一，其中的三分之一便是該主辦單位的研究者本身，他們被工作人員以「研究資金短缺」的理由，要求退回報酬。然而，在人員離開前對於主辦單位的好感度調查中，實際上好感度最高的一群人卻正是沒拿到酬勞、被要求退還費用的這群人。而且退回的經費越多，好感度還越高。所以不用擔心，複雜的工作，就盡量交給他們吧！

麻煩人物 12

滿腹牢騷的新人就把公司對外宣傳工作交給他！

植入對公司的向心力很簡單

終身僱用的制度已經過時，今時今日透過跳槽累積職涯經歷的人不在少數。然而，這類型的人通常對公司缺乏向心力，可能只把這份工作視為跳板。有時候，有些公司新人只會批評卻毫無建樹，面對這樣的新人，心一定很累。當然，你要求的不是要粉身碎骨地為公司奉獻，但希望這些人至少能擁有愛護公司的心。這個時候，你該怎麼做呢？

答案很簡單，讓他們負責公司的宣傳工作。例如，讓他們負責公司網頁更新的工作，或是擔任在校生的企業訪談窗口，諸如此類的工作。透過這樣的工作內容，他們必須站在宣揚公司優勢的立場下思考，自然而然會更熱愛這間公司。久而久之，愛批評的人也會改掉批評的習慣了。

POINT
什麼是「集體認同」？
透過「我是這個群體的一份子」的心態，對於所在群體感到自豪。因為認同，也能接受群體的規定，產生愛護群體的心。

樂團粉絲的打扮之所以一樣的原因

若去參加視覺系樂團的演唱會，可以看到場館周邊有許多與團員作相同妝扮的粉絲，這也是一種「集體認同」（Group identity）行為，透過和自己憧憬的人畫一樣的妝，或擁有相同的思想，心理上會感覺和這個人更親近。

負責宣傳公司需要向他人說明公司的優點或理念，過程中會讓責任者產生認同感，熱愛公司的心也油然而生。如此一來，公司規定或企業精神都將化為自身的價值標準。

「要愛你的公司啊！」像這樣從上向下的要求，不僅沒有效果，還會造成反效果。利用「認同」感，讓他自己喜歡上這間公司，這種做法不僅不會造成對方的壓力，也能達到確實的效果。

麻煩人物 13

沒有幹勁的主管
用「非你不可」來拜託
重燃他的動力

「我能依靠的只有您了！」這句話很有用

主管應該是眾望所歸的人物。當左手邊坐了沒精神的新人會聽他訴訴苦、右手邊坐了沒幹勁的部下會為他打打氣……這當然是理想狀況，但很多時候，沒幹勁的那個人卻正好是你的上司。在戰戰兢兢的現代社會中，這種態度不是自取滅亡嗎？我們希望他能這樣想，畢竟面對一份工作不能缺少的就是危機意識。雖然，要部下讓上司產生工作動力這件事本身有點怪，但就像如果一箱橘子中有一顆橘子發霉，也會造成其他橘子發霉。這時，建議應用的是「霍桑效應」（Hawthorne Effect）。

方法很簡單，就是提出請求。例如「我能依靠的只有您了」、「希望部長能夠聽我說」，像這樣就算有點過頭，也要傳達一種「大家都要看部長會怎麼做」的氣氛。

POINT
什麼是「霍桑效應」？
在美國一間電信公司的霍桑工廠所進行的實驗，發現比起工作條件，人類在受到注目的情況下會產生更強的工作動力。

只要受到關注，效率就會提升

聽到平常不管事的老闆要來，那天的工作特別戰戰兢兢……在打工時期，你是否也有類似的經驗呢？「霍桑效應」在一間工廠得到證實，該工廠原本針對照明與生產性的關係進行調查，卻發現被選中的群體在受到關注的情況下，下意識地會更辛勤工作，最後造成績效提升。

人人都有被關注的欲望，受到矚目能夠滿足個人的表現欲，處於一種「起勁」的狀態，感受到幸福感，進而產生要更努力工作的想法，並直接帶來工作績效。不只限於主管，如果你身邊有那種缺乏幹勁的人，不妨試試「非你不可」的請求方法？

麻煩人物 14

得意忘形的人
就先用「其人之道」
挫殺他的銳氣

打擊對方也是一招

工作上獲得成功固然值得高興，但是一個人得意忘形的姿態真是比什麼都難看。常見的情況是，此人突然處於居高臨下的姿態，凡事愛比較又口出惡言。在沒有更多人遭受池魚之殃之前，殺殺他的銳氣，或許也是為了當事者好。運用心理學，用凜然的態度回應他吧！

方法就是，**針對當事者一些小的壞習慣，在會議或是正式的討論場合上指正他**。是人都有習慣，習慣有大有小，例如玩頭髮、揉手、說話喜歡夾雜「嘿～是喔！」等等，我們透過習慣建立了自己的行為節奏，也獲得安心感。因此，光是指責對方的習慣，就能打亂對方的步調，當他意識到自己的某個習慣，也會更容易失敗。只要受挫過一次，相信也會學一次乖。

POINT
怎麼判斷哪些是對方用於緩和緊張的習慣？
通常會是觸摸自己的身體，例如摸頭髮或摸臉、搔頭、搓手等行動。還有，轉筆也很常見。

利用逆霍桑效應，讓對手自取滅亡

前篇〈沒有幹勁的主管，用「非你不可」來拜託〉介紹了「霍桑效應」，指的是人因為自覺「受到注目」、「大家都在看我的表現」而更勤奮工作的現象。**面對得意忘形的同事或競爭對手，你也可以試試「逆霍桑效應」。**

受到關注的時候會更努力，這個心態可能也代表了在沒有人看的時候，更容易偷懶。如果用一些可能性高的、小小的謊言，讓對方以為「沒有人在看我」，他就更容易不小心露出破綻。只要在一開始就讓對方怯戰，自然也沒有什麼好擔心的了。

假設，當你和對手的工作內容類似，可以讓對方以為「這個案子，上面不太重視，多做或是做太急反而吃虧」，讓對手陷於「逆霍桑效應」，剩下的就是你要保持正常心，好好地完成自己的工作。

注意(CAUTION)
競爭對手的存在讓人倍感壓力！
這時也可善用「逆霍桑效應」。如果對方會自取滅亡，競爭的緊張感也會減少不少！之後，就按照自己的步調做事就可以了。

話雖如此，這畢竟是最後的霹靂手段。不到非用不可的時候，當然是禁止惡意使用的。

也就是說……

在心理學上，面對得意忘形的人要先挫他的銳氣，之後的合作就會更順利！

老闆說，他對這個案子沒有太大的期待！
要讓對手失去幹勁！
是喔，那表示可以輕鬆做交差了事囉～

麻煩人物 15

包裝你的「失敗」把自己從困境中解救出來

一味道歉只會讓你的心死掉！

沒有人能夠永遠完美，只要是工作，就有可能遭遇失敗。正所謂「失敗為成功之母」，有失敗才能走向成功，才能有所學習。

話雖這麼說，但若是屢屢失敗還是會讓人抬不起頭，面子上也掛不住。沒有人想被視為無能之人，既然已經出社會，所有行動都要先想到「如何包裝失敗」這一步。

垂頭喪氣地說「很抱歉」，像這樣只會道歉的人還不能獨當一面。反正確定會失敗，你可以先發制人，例如向客戶高層表明，甚至包裝你的失敗將它說成「精彩的一役」，至少會讓客戶或你的老闆留下印象。甚至，下一次的機會也會因此再度降臨。這在心理學上，被稱為「失態效應」。

POINT
褒揚自己的失敗，不會很掉漆嗎？
當然，好好地道歉很重要，但長遠來看，一場徹底的失敗卻被視為「這個人雖然有點輕率但很有魅力」不也很划算嗎！

長嶋茂雄的失敗術

日本棒球先生長嶋茂雄備受國民愛戴，在球迷心中已經是神祇般的存在。他膾炙人口的事跡包括在準備打擊時，那幾乎要震掉球盔的豪邁揮棒動作，總是能讓現場觀眾沸騰不已。這位棒球先生，特地從美國調來橢圓形球盔，甚至還練習了丟球盔的動作。揮空棒並不會得分，但是丟球盔的動作卻可以娛樂觀眾，獲得更多球迷。失敗的話就呈現徹底的失敗，但藉此翻轉印象，長嶋先生可以說是善用「失態效應」的佼佼者。下次當你遭遇失敗，陷入沮喪前不妨想想「我何不來包裝這次的失敗」，這個包裝失敗的故事，也許就會成為下次成功的因素。

Chapter 02

對付豬隊友

的心理術

麻煩人物 16

偽裝成朋友的敵人
要順勢稱讚他
來保持安全距離

該如何跟「偽裝成朋友的敵人」相處？

你視為朋友或是覺得可以信賴的前輩，卻在背後散播奇怪的謠言，言談間總是帶著似有若無的輕蔑感，將學來的東西說成自己早知道該怎麼做……像這樣，辦公室的人際關係並不簡單，原因或許就在於「敵友（Frenemy）」。

「Frenemy」由「Friend（朋友）」與「Enemy（敵人）」兩個單字組成。如字面所示，敵友可能是「偽裝成朋友的敵人」，具有「忌妒心強，與他人比較後會一邊讚美一邊表示輕蔑」、「服飾或鞋款等喜歡模仿他人的穿著打扮」、「散播真相未明的流言」等傾向。通常，一這樣說明，大家都會點頭如搗蒜的說：「對，就是有這樣的人！」這句話簡直可以直接成為女性朋友在Twitter上的熱詞（hotword）。我想這也是許多人為了這類人所苦，或是因此感受到壓力的證據。

POINT
「Frenemy」是哪一國的詞彙？
「Frenemy」是「Friend」加「Enemy」的造語，來自美國俚語，因為頻繁出現在《慾望城市》、《花邊教主》等影集中而成為熱詞。

要順勢反擊「喜歡被稱讚」的人

敵友也有分許多種，最典型的一種人是「被認同的需求異常強烈」，也就是說他／她經常需要被讚美或是受到認同。這一類的人喜歡炫耀，「男友帶我到高級餐廳」、「那個誰又買了一個LV的包給我」等，聽到這些話，如果你想用「我也……」來反擊，反而會受到攻擊。

這個時候，不妨說些「好棒喔~」、「真厲害！」等話語來大肆稱讚對方。根據加拿大心理學家艾瑞克·伯恩（Eric Berme）的研究，人類對於和自己持相同意見的人，好感度更高。認同，是心理上的交易（報酬）。敵友對於吹捧自己的人會更珍惜，只要被納入朋友圈，對方就不會對你／妳出手。

用時間解決問題，這也是一個辦法。愛吹牛、有敵意的敵友型人士，人際關係通常並不融洽，轉職的例子不在少數。

注意(CAUTION)
我根本不想靠近敵友！
敵友最喜歡說閒話和自我吹捧。當身邊有這樣的人，可以說些無礙於工作的話題。若是加入他／她一起說閒話，事後可能會被對方反過來利用。

有些案例則指出，接近四十歲後，他們的攻擊性就會自然減弱。面對這類的人，比起認真較勁造成自己的壓力，還是巧妙的避開他／她吧！

也就是說……

敵友不會攻擊讚美自己的人，適時說句「好厲害喔！」就可以自保。

對方說什麼都回：
「好厲害～」就沒問題了
我男友每個周末都帶我去吃法國料理……我都吃膩了～
好厲害喔，羨慕妳耶～

麻煩人物 17

「我就是〇〇這樣」跟喜歡這樣說的人認真就輸了！

以為只是「我行我素」的人，沒想到……

「我不是一個很怕寂寞的人嗎～」我們身邊常有這種人，喜歡向別人表明自己的個性，對聽者來說，心裡的OS其實是「我沒有想知道……」。舉凡喜歡或討厭的食物、不愛乾淨等等，那些直接將自己的個性歸類的人，通常都很麻煩。這樣的人，究竟要怎麼應付才好呢？

一開始會以為這樣的人只是「我行我素了點」，進一步分析的話，會發現他們不離兩種類型。第一種，是為自己找理由開脫、逃避責任的人。你以為對方我行我素大剌剌，其實根本是心思細膩型，他的潛台詞是：「我很○○，所以無法○○喔！」並希望你能明白他的意思。第二種，是「希望對方能這樣理解我」的人，他在表達自己的願望。不論何者，如果跟他認真起來，回答：「所以呢？」並沒有意義。這個時候，不妨用「是啊」等回答帶過，是最好的方式。

POINT
有時候說的根本不是事實吧？
「我不是很……嗎？」喜歡這樣說話的人，說話內容只能代表他們心中理想的自己。他們希望別人這樣看他，許多時候，內容常與事實不符。

從口頭禪可以看穿一個人的性格

一個人的性格如何，其實也來自他人的評價。會說「我就是〇〇〇這種人」的人，其實頗讓人困擾，因為你的性格如何不用你說，大家都會看，也各有自己的判斷。其中，尤其以口頭禪最容易判斷一個人的性格。懂得這一點，你就能避開一些問題人物。

例如，喜歡說「總之先喝一杯啤酒吧」、「資料的話應該沒問題」，語帶「總之」、「應該」的人，通常都是沒有責任感的人。這和說「事情就是這樣我也沒辦法」一樣，會講這些話的人，為了問題發生時能逃避責任，刻意選擇了曖昧的說詞。這樣的人在愛情上也有一樣的壞毛病，遇到問題的時候，會搞消失或是變得冷淡。要認真交往的話，恐怕要避開這號人物。

「我要說的是……」喜歡這樣開場的人，表示自我表現欲

NG WORD
所以呢？你想表達什麼？
「我不是很……嗎？」會這樣說話的人，通常不會想太多，執意挑戰對方只會樹敵，切記切記！

很強。英文的「愛你」是 I Love You，這句話會放入主詞，但我們鮮少說「我愛你」，不會強調那個「我」。工作上有自己的主張會受到同事信賴；但在戀愛上，每個人都想貫徹自己的主張，你能不能包容主張性很強的人，這就值得想一想了。

也就是說……

口頭禪可以看穿一個人的性格，看透本性之後，對不合的人就敬而遠之吧！

我就很沒用啊，容易被傷害也很怕寂寞～！
是啊！

想成對方只是「希望別人這樣認同她」，就當個暖心的人順著她吧。

CHAPTER.01 職場怪咖
CHAPTER.02 豬隊友們
CHAPTER.03 白目男子
CHAPTER.04 麻煩親戚
CHAPTER.05 難搞客戶

麻煩人物 18

「其實是這樣…」喜歡這樣開場的人可以無視他

認清任性的人，並無視他

「只有自己的事情最重要」面對有這種想法的人，你要盡可能地遠離。許多人因為沒發現身旁朋友是這種人而被耍得團團轉。記住這類人的口頭禪，在對方來煩你之前，設法保持一定的距離。

例如，當話題停下來的時候，有人習慣用「其實是這樣子的……」來開啟話題，這種言行，正是自我表現欲望強烈，凡事都是自我中心者的最好證明。「其實是這樣的」這句話的本意，就是在表達：「比起A，B更正確！」不管如何修飾，都是為了讓對方同意自己意見的一種自我主張。巧妙地無視對方是最好的應對方式。

POINT
什麼是「自我表現欲」？
希望向社會展示自己存在的欲望。意指除了提出自己的主張，還有更強烈的欲求，通常用於貶意。

心機重的人，口頭禪會是這幾句！

心機重的人，無論任何場合都希望話題重心在自己身上，這些人通常有不少口頭禪。例如，會議的時候會發出「嗯，在上次開會的時候是，嗯……」他們會裝作一副沒有自信或是無法完整表達自己意見的模樣，其實多半是在思考如何讓話題往對自己有利的方向進行，根本稱得上有謀有略。和這**樣的人在交涉的過程中，當對方一說「嗯」的時候，你就要搶下話題主導權，盡早歸納出結論**。

另一種情況是，在日常生活中常有人會喜歡用「這樣的話，那就……吧」的口吻說話，會說「這樣的話」的人，凡事喜歡建立秩序，做事有條不紊，也是不太會變通的類型。以「自言自語」開啟句子的人，內心通常希望能管理自己的言行，這類型的人通常嚴以律己，但也嚴以待人。他們對於規範、順序等事物相當嚴格，對於他人的輕怠，可能會突然

注意(CAUTION)
還有什麼口頭禪要特別注意？
「不可能」、「但是」、「辦不到」……會說這類消極型口頭禪的人也要注意。凡事負面思考的人，人際關係通常也不會太好。

地動怒，要求你「好好做事」。身邊若是有那種喜歡連續用「這樣的話就……吧」說話的人，建議你凡事遵守規範，並以自己的步調行動，想必跟他們相處起來會更安心。

也就是說……

「其實是這樣……」、「那個……」這些都是心機重的人常說的口頭禪，接觸時要特別留意！

……那個誰是這樣子吧？
嗯啊～
不用理會她！
就當耳邊風。

麻煩人物 19

「好厲害！真是太…」面對很愛演的人要果斷表達你的意見

任性的人，可以這樣讓他住嘴

「好好吃喔！」、「好意外喔！」在你身邊，有沒有這樣喜歡用「好～」來強調自己情緒的人呢？他們看似天真爛漫，其實有許多都是自信心爆棚的任性傢伙，相當難相處。**如果只是自信過頭那還好，但有些人是自尊高，經常喜歡批評他人，這種人更令人困擾。**「不可能！你早點放棄，不然後悔的會是你。」許多明明沒有任何根據的事，他也會像這樣沒完沒了地批評，感覺哪一天突然被揍也不奇怪，令人為他捏把冷汗。

不過，這類型的人意外地容易受到他人影響。「你不說話的時候比較可愛！」像這樣一句話，就可以讓他們立刻閉嘴。

POINT
部分單字加重語氣的心理是什麼？
常使用「好～」、「絕對～」等用語表現的人，判斷事物時會較情緒化，他們認為自己是對的，透過這樣的語氣說話，也能讓自己更安心。

喜歡說「之後啊～」的人，通常是三分鐘熱度

話多的人，你常會聽到他們把「之後啊～」、「然後啊～」掛在嘴邊。永遠有說不完的話題，讓人覺得他們反應很快，然而事實上，這類型的人通常擁有我行我素的個性。比起深度的談話，他們聊天的話題寬廣但淺薄，性格急躁、凡事容易三分鐘熱度。由於個性執著，在團體中經常被孤立。日常生活中，他們喜歡嘗試新鮮的事物，會不斷跟隨潮流。

有趣的是，這類型的人無論是朋友或戀人，他們喜歡和自己性格完全相反的人來往。大概是因為能夠傾聽自己毫無章法的談話之人，在他們心中的分數通常更高吧。

除了自己開創話題，這類型的人也喜歡在他人說話後回問「嗯？」、「所以呢？」、「然後呢？」，急著催促話題。他們通常好奇心旺盛但也非常自我中心。對他人的談話不耐煩，當輪到自己發言時，經常使用「……大概是這樣」、

注意(CAUTION)
要如何應付愛催促別人的人？
喜歡說「所以呢？」來催促他人的人，通常急於得到結果。面對這種人，你可以試著先說結論，再來描述經過，就不會常常被嗆這句話了。

「類似這種感覺」等曖昧的表現來避免提出明確意見。這樣的人，一般也很難得到他人的信賴。

也就是說……

聊天空檔時「如何提到下一個話題」，可以完全看出一個人的性格！

他們雖然任性但沒有惡意，
下次跟他們說話的時候
就先從結論講起吧！
然後呢？
事情變成怎樣了？
所以呢？
你先冷靜一下，我現在就要說了呀……

麻煩人物 20

喜歡回嗆「不對」否定他人的人就保持中立來相處

總是在談話中潑別人冷水的人……

大家身邊有沒有那種在一群人聊得正盡興的時候，喜歡說：「不是吧！」、「不是喔，不是那樣……」或者脫口就用「不是……」來展開對話的人呢？這類型的人物，基本上都是對自己的常識或洞察能力抱持自信的人。他們在參與話題時，認為自己比誰都能提出更正確或更好的答案，才會出口就是「不是……」心理學上，將這個心態稱為「負面取向」（Negative Approach）

面對這種人，不要當他的敵人或朋友，保持「仲裁者」角色般的中立立場是最佳策略。成為他和一般大眾之間的橋樑，可以讓你呈現一種「理解能力優於他人」的良好印象。

POINT
什麼是「負面取向」？
容易從否定句展開對話，並經常以負面的面向來強調事情的傾向。這類型的人除了「不是……」也喜歡說「不過……」。

請避免和否定者完全對立

面對負面取向的人，最不可取的行為是什麼呢？那就是說出：「不是你說的那樣吧……」、「你可以不要凡事都用這麼負面的角度看事情嗎？」等正面和這類人徹底對立的話。要知道，對方是那種沉溺在「我比誰都優秀」、「只有我是對的」等認知的人，即使錯在自己也無法認輸，思考方式很明顯地已經陷入惡性循環。他們覺得其他人都是笨蛋，也很追求他人的認同。因此在應對上，利用對方的思想或特別有自信這一點，才是最聰明的選擇。

具體而言，你可以讚美他「這個建議真是太厲害了！你真可靠！」等，在相處上利用他的想法。只要讓負面思考的人覺得「這個人懂我」，他自動就會變得非常欣賞你了。畢竟，他是非常相信「自己的選擇是對的」的人物。

這種人，對誰都是負面思考，通常很顧人怨或是被排擠，

NG WORD
你能不能正向思考啊！
這個建議立意很好，但對於此類型的人卻應該徹底避免。也應該避免用「不是、但是……」等負面發言來催促對方。請盡量避免反對他，即使你是出於善意。

CHAPTER.01 職場怪咖
CHAPTER.02 豬隊友們
CHAPTER.03 白目男子
CHAPTER.04 麻煩親戚
CHAPTER.05 難搞客戶

正因為如此，光是展現你的理解，就能讓他徹底站在你這邊。

也就是說……

禁止對他們提出反對意見！「這件事原來就是你說的這樣啊……」用表示理解來接納他吧。

是喔，
原來如此！
附和對方讓他自鳴得意後自取滅亡才是上策！
你果然懂我！
其他人根本跟不上我的想法，
只有你不一樣！

麻煩人物 21

在喜歡炫耀男友的女性友人面前完全不聊男友話題！

「敵友」型人物最喜歡炫耀男友

敵友——那些偽裝成你朋友的敵人。這類人的大嘴巴，或是散播未經證實的謠言等行為，常對身邊的人造成困擾。若觀察她們的私生活，乍看之下鮮少交男友，自己過著相當充實的生活。這類型的女生，喜歡為男人奉獻，其實任何計畫或行動都是為了享受戀愛，而她們最喜歡做的事情就是炫耀自己的男友。「我男友在外商公司上班，年薪破三百萬」、「出國旅行的錢全部都是男友出的」等等，她們習慣把男友的收入或是職位當成自己的事情般來炫耀。

像這樣的人，也用「我男友……」來對話是不行的。她一定會回答「我男友更厲害吧……」被她輕視，對妳絕對沒有任何好處。若是被傳出什麼不好的流言，有可能對妳造成更大的影響。

POINT
總是愛炫耀的人到底是出於什麼心理？
在心理學上，稱之為「沾光效應」（Basking In Reflected Glory；BIRG）。透過與獲得高度評價者的連結，感覺自己也受到高度評價的思考方式。類似說出「我和國民偶像〇〇〇是同一所大學」這種話的心態。

不要被捲入相互炫耀的戰爭

敵友通常是怕寂寞的類型，不會突然就和另一半分手。只是，乍看下「為了另一半我什麼都願意犧牲」的她，只要找到比現任男友社經地位更高的對象，也可能毫不猶豫地轉換對象。要是被甩了，則會用「那種沒用的男人」來攻擊對方，或是態度驟變地說出「我對你不是認真的」。

這樣的戀愛觀，和她較勁只會徒增壓力。即使對方向妳炫耀男友，記得用「是喔～好厲害喔……」左耳進右耳出來面對她就可以了。

再者，當妳向這樣的人炫耀自己的男友，接著可能就會傳出「那個〇〇其實有外遇」、「妳外遇了」等各種流言。因為她不允許有人比自己幸福，一定會拚命地扯妳後腿。一個不好，被搶走男友也有可能。她也可以說出「那個〇〇的男友，待在小公司，感覺很窮酸。」這樣看不起妳的話。就算

NG WORD
我有一個喜歡的人！
「戀人未滿」的關係也不能告訴敵友。不能排除她會出現一些扯後腿或是散播不良謠言的可能性。

妳自認說的內容是事實，敵友都有能力火上加油。俗話說「無風不起浪」，但故意搧風點火可就無法原諒。切記，千萬不要提油給對方。

也就是說……

慣性炫耀男友的人，可能就是你的敵友。不要向這樣的人談論另一半的話題，自保才是正解！

他在外商工作……
年薪也很高喔～
好厲害～
「啊，又來了！」妳就這樣想，
然後隨便聽聽就好！

麻煩人物 22

女性朋友聚會上不想成為話題中心就穿灰色上場

能夠幫襯他人並隱藏自己的灰色

華麗又熱鬧的女生朋友聚會，如果當中有意見領袖型的人出席，再加上妳最近發生了一些可能會被拿來取笑的事情，當然會希望能順利度過這段時光。

這種時候，建議妳穿著灰色洋裝或是灰色針織外套為佳。在色彩心理學上，灰色這個顏色賦予人沉穩的印象，也不易引起警戒心，另外還具有幫襯在場其他人士的效果。參加此類聚會，建議妳採用顏色策略，使盡全力不去引起他人注意。

在性格上，喜歡灰色穿扮的人，許多都是低調、配合他人的類型。有時感覺有點消極，或感情上不穩定的時候，也傾向選擇灰色的穿著。

POINT
那不建議的顏色呢？
不希望看起來特別突出，或是不小心招人妒忌的話，記得千萬不要穿著紅色系。紅色是會刺激對方的顏色。

灰色也適合工作場合

當企業發生醜聞要舉行謝罪記者會的時候，我們可以看到與會者的穿著多半選擇灰色或黑色。就色彩心理學來看，這是非常正確的決定。這兩種顏色不僅可以抑制被害人的苛責欲望，也給人一種「你有在認真傾聽我們的話」的印象。

灰色的功效，也適用於商業場合。例如，在希望能盡量避免發言、被點名的會議場合，把灰色穿上身一定是最安全的。由於它給人沒有強硬意見的柔和印象，在被上司盯上的那段時期也很有用。灰色還有一個優點，就是它和其他顏色很容易搭配。搭配粉紅色尤其給人溫柔的感覺，容易演好一個備受長輩疼愛的角色。

麻煩人物 23

說客套話時 不想被拆穿的訣竅 就是使用倒裝句

被意見領袖討厭就完了

無論是女性聚會或是其他關係緊密的好友聚會，當中一定會有「領導型人物」的存在。如果被這樣的人討厭，對你絕對沒有好處。下場可能是被按個名目讓大家討厭你，或是把你排除在外。雖然你不想跟這樣的人有太深的往來，但也不希望自己無故被他人排擠，我想這種經驗大家都有過。

這個時候，就可以利用「情感互惠」（Reciprocity Liking）來解決。例如讚美對方身上的物品或是個性貼心等，這樣的作為不僅可以滿足對方的自我認同心理，也可以讓自尊心較高的對象感到開心。然後，「對於喜歡自己的人，我也要回報同樣的喜歡」當這樣的心理機制啟動之後，你便可以享受後續的方便或恩惠了。先姑且不論你在不在意對方對你的觀感，但至少比讓對方覺得「你很驕傲」的情況強多了，相信你的人際關係也會變得更好。

POINT
什麼是「情感的互惠性」？
也就是「對於向自己示好的人，也報以同樣的善意」這樣的心理。對於稱讚自己的人，自然會抱持好感。

技巧性的使用倒裝句來稱讚

突然要稱讚對方，涉世未深的年輕女性自然比不上職場的那些大哥們熟練，如果只是隨口一句稱讚，要是被對方識破「妳說的不是真心話吧！」更是反效果。再者，意見領袖型的女性通常已經習慣被稱讚，一些無關痛癢的小讚美對她們來說已經無感。這時，就是使用「倒裝句」和「重複句」的時候了。

我們假設，意見領袖型人物穿了新洋裝到場。

「這件洋裝真好看！」

「洋裝好看！真的！」

前者是忠於一般文法的稱讚方式，後者使用了倒裝句。即便兩者的意思都差不多，但是一比較就會發現，忠於文法的句子給人一種冷靜的感覺，而將句子刻意拆開的後者，給人一種情感豐沛的印象。也就是說，**訴諸聽者觀感的表現方式**

NG WORD
好棒好棒，真的真的！
倒裝句或重複句，能讓情感聽起來更真實，但是用過頭就會被看穿。倒裝句用於書面或口語給人的觀感也不同，要特別留心。

更具真實感，會讓讚美之詞滲透到對方的心裡。「好看耶，真的、真的！」利用這樣的重複句效果也會不錯。眼睛睜大、眉毛上挑，或是揮舞雙手，加上這些動作可以讓情感表現更豐富。不過，要切記女人是很敏銳的，做過頭的話只會惹怒對方，一切要適可而止。

也就是說……

太冷靜的態度無法將情感傳達給對方，稱讚時有技巧的利用倒裝句，讓情感更強烈地傳達吧！

很適合妳，真的！
就算對方會說：「妳是在說客套話吧？」也要先不停地讚美！
妳在說客套話吧～？但聽起來很舒服就是了～！

麻煩人物 24

對付遲到魔人用「非整數」原則來操控他的心理

不想再當個等人的傻瓜！

每次聚餐或是郊遊，一群人當中總會有那種姍姍來遲的人物。偶爾遲到是人之常情，但是一次又一次都讓人等，讓其他人還要想辦法殺時間來等一個人，這就很惱人了。

對付這種遲到大王型的朋友，可以告訴對方一個稍微提早於約定點的時間。總是無法遵守約定時間的人，即使告訴他：「約12點，車站見喔！」，他也會擅自聽成「約12點左右，車站見喔！」所以，「約11點55分」這種不是整點的、具體的時間，會讓對方以為「這個數字是不是有什麼特殊原因？」而自動在腦中強化訊息。雖然說無法保證可以消滅對方的遲到行為，但至少可以減少他姍姍來遲的情況。

POINT
如果是自己遲到了呢？
特別是那種第一次見面的對象，為了避免在對方心中烙下「遲到大王」的印象，最好誠懇的道歉，下一次見面時務必要提早到，挽回你的名譽。

職場上也可以利用「非整數」數字

非整數數字的心理效果，不只可以應用在約會的時候。例如，我們會看到減肥產品的廣告出現「它讓我減了8·7公斤！」、「一週就讓腰圍瘦了3·4公分」等，讓數字出現到小數點以下的詳細內容。這也是利用了同樣的心理效果。和「約9公斤」、「約3公分」的表現方式比起來，感受上的差異昭然若揭。藉由詳細的數字表示，讓消費者產生了「這感覺很真實」的信賴感，自然可以期待更強烈的訴求效果。

非整數數字，可以更有力地打中對方的心。對於身邊的遲到大王，試試看把約定時間提早5分鐘吧。話說回來，人是習慣的動物，總有一天，這個方法就會沒效了吧……

麻煩人物 25

愛抱怨的朋友
若想維持關係就
假裝和他一起煩惱

無止盡的抱怨魔人，該如何應付？

「妳知道嗎~那個課長很過分耶！」有些人會像這樣，永遠都在抱怨，其中，更有某些人在說話時會東扯西扯講個沒完。當你偶爾表現親切開始傾聽，情況又會惡化。

考慮到日後的往來，許多人做不到在某一天突然告訴他：「這種事情你自己解決啦！」這個顧慮其實是對的。正如同心理學上的「情感互惠」所示，人類會對自己表現親切的人抱持好感。

不過，總是聽到一樣的抱怨難免會厭煩。這種時候，你不用認真聆聽，只要表現出陪對方一起煩惱的樣子就夠了。這樣的人只要認為有人和自己一同煩惱，就會感到安心。

POINT
表現出一同煩惱的樣子有用嗎？
一定有用。就算無法幫忙解決問題，光是有「協力者」陪伴，人就會感到安心。這樣總比你擺出冷漠臉孔讓對方感覺「被拒絕了」要來得妥當。

不停抱怨的人到底是什麼心態？

一抱怨起來就說不停的人，究竟是怎麼變成這樣的呢？不管談話對象的情況或心情如何，只管一股腦地說話。當面對這種人的時候，你會發現他其實沒有想要對話，而是「想說話」。對方答什麼都不要緊，我只說自己想說的事情。然而他們的話題通常缺乏關聯性，邏輯也欠缺一致性，一下說東一下扯西，說話內容會一直跳來跳去。

這類人的特徵是心中懷抱強烈的不安，他們需要透過不斷傾吐心中累積的事物，來得到內心的安定。如前述，他們沒有想要溝通，也因此和這樣的人接觸時，你只要不斷地說：「嗯、嗯……」再加上點頭動作，就是最好的回應了。

不過，如果真的太忙沒有時間，對於對方過度的傾聽要求也可以斷然拒絕。就算沒有你，他馬上就能找到下一個聽自己說話的對象。不過，當然還是希望不要因此招來對方的埋

NG WORD
你不要再抱怨了！
「無緣無故開始自己一直講話的人」，對他們說道理是行不通的，對方還可能會因此記恨。專心聽，或是找理由直接拒絕，是最好的回應方式。

怨。「抱歉，因為下午3點有客人要來。」可以用這種具有說服力的理由，也比較不會在對方心中留下疙瘩。

也就是說……

不停抱怨的人，只是因為內心不安而想傾訴自己的事情。就算你沒有興趣，用「嗯」來回答也OK喔！

〇〇要在ＸＸ辦△△了！而且還是□□呢！還有，你知道傑尼斯的人嗎？
嗯、嗯，是喔～
就算你完全沒有興趣，也用「嗯、嗯……」來回覆吧！

麻煩人物 26

對於可疑的謊言用玩笑話回應並探究虛實

用玩笑話試探一段談話的真偽

和朋友聊天的時候，你是不是有時候會突然察覺：「這傢伙是在說謊吧？」對方看起來煩躁不安，說話內容前後不一，說謊的徵兆其實不斷地出現。但是，質疑朋友的發言還要一邊聊天，這樣實在太辛苦了。有的時候，就順著聊天內容，終止這段談話會比較好。

這個時候，可以用間接的方式辨認真偽，不妨試著說一句輕描淡寫的玩笑話吧。如果你的玩笑被對方忽略，那就代表這個人在說謊的機率是較高的。

說謊的人，腦袋需要高速運轉，已經沒有多餘的記憶體來處理其他訊息。也因此，突然被開玩笑的時候也無法像平日那樣反射性地回應。這裡的重點是，不要開那種本來就很難懂的玩笑，嘗試說一些輕鬆易懂的玩笑吧。

POINT
說謊不帶惡意的人是什麼心態？
有些人在日常生活中會說些小謊，但不至於到欺騙或是詐欺那種程度，這樣的人希望受到他人喜愛，而把「說謊」視為人際關係的潤滑劑。

說謊也可能是為了別人

例如要和戀人提出分手，也許事實是已另結新歡，卻會告訴對方這樣的謊言：「現在的我只想要專心於工作。」因為直白的事實會傷害到對方，考量到他人利益（為他人犧牲自己）的說謊行為，在日常生活中並不少見，或許可以稱之為「白色謊言」。有一說是，要讓孩子自立，大人必須適時地說些謊言。要知道，並不是所有的謊言都是充滿惡意的。

話雖如此，但並不是所有謊言都能讓被欺騙的人說出「真是太好了」這樣的話。對此，德國心理學家威廉・斯特恩（William Stern）舉出了惡意說謊者身上的三大特徵：❶具有虛偽意識、❷具有欺騙意圖、❸欺騙目的明確。希望讀者們都能擁有一雙能明辨❷和❸的眼睛。

CHAPTER.01 職場怪咖
CHAPTER.02 豬隊友們
CHAPTER.03 白目男子
CHAPTER.04 麻煩親戚
CHAPTER.05 難搞客戶

麻煩人物 27

跟難相處的（男）人共事要誇獎他的能力

面對難相處的男性友人，先讚美他就對了

我們的生活周遭，總是不乏那種個性乖僻，或擁有一顆玻璃心的難相處男人。在這樣的人身邊，凡事總要小心翼翼，如果自己在工作上稍有成就，就會聽到對方說出「真好啊，哪像我都……」之類的喪氣話。他們會自己一股腦地陷入沮喪，最後又擅自提出「反正我就是被大家討厭」的偏執結論。

面對這樣的男性友人，比起動怒、安撫，最好的做法是大大地讚美他一番。人一受到讚美，心情自然會愉悅。**當讚美不斷，自然會心生「我也是有能力……」的想法，並開始自我期許。**然後，也真正開始能有所成就。心理學上，將這樣一連串的過程稱之為「自我實現預言」（Self-fulfilling prophecy）。

POINT
什麼是「自我實現預言」？
下意識地依照自己的期待或預想而行動，而結果也與期待相符。通常用來指預言本身。

切記：男人是狩獵性動物

要稱讚別人，有時候連一句話都很難，如果稱讚的方式錯誤，即使已經百般顧慮對方，也可能會引來「你根本不懂！」的抱怨。

當對象是男性的時候，最好稱讚他的能力或是工作成就。即便是高度文明的現代社會，男人並沒有失去他的狩獵本性。**當與生俱來的優異能力，或是自身取得的成就被稱讚，男人會不由得地感到喜悅，這是一種本能上的需求。**

如果是具體的成果可以這樣說：「之前你負責的專案聽說通過了！好厲害啊，恭喜你。」這邊的重點除了讚美對方的能力，也讚美了範圍更廣的應對力。例如，「聽說你是○○大學的，很難考耶！」這樣是在讚美他的智力，或是「這支錶，很厲害耶！」是在讚美他的財力。當然，你也可以讚美對方的地位等。

NG WORD
你真是個沒用的男人！
就算對方有萬般不是，這類指控只會讓難相處者的個性變得更彆扭而已。只要有一個小小的優點，就試著讚美他吧！

實際上，即使不到需要讚美的程度，持續的讚美也有助於良好關係發展。若是對方因此開始認同自己「是個有能力的人」，進而得到自我實現語言的效果，或許因此變得更有魅力也說不定。

也就是說……

應付男人只要先讚美他的成就或能力就沒問題！你們彼此的關係甚至也會變得更美滿。

即使是小事情，有做好的地方就要稱讚他！
謝謝，你好棒～
有、有嗎？這不是什麼大事吧？（以後還是多多幫忙好了……）

麻煩人物 28

用「上對下」的態度對付把你當成競爭對手的人

以上對下，讓他接受你的意見

在運動或學習方面，若有一個跟你勢均力敵、可以互相切磋的對手，這個人的存在會提升你的能力，非常具有價值。許多人因為「不想輸給他」的單純想法而努力，獲得了更高的實力。

進入社會之後，最理想的方式當然是複製這樣的模式，但真實的情況往往不容許。經常會有人因為奇怪的小事就把你視為對手，不論公私都會想辦法折騰你。當你面對這樣的狀況，要如何成熟地應對呢？

這時，當他面向你座位的時候，你可以突然起身和他說話，利用類似的姿體語言讓你的視線高於他。當視線上出現了上下關係，對方會感覺到自己受到支配，自然也更容易接受你的意見。

POINT
上對下的態度也適用於面對老闆嗎？
態度上的技巧只適用於和自己同輩關係的人物。老闆實際上就是在上位的人，想必效果不彰。

居高臨下，就和馴服動物一樣

有養狗經驗的人想必很了解，要馴服狗兒必須不時以主人的姿態喝斥牠。在物理上，比狗兒本身還低的姿態不可能有用，這樣做對於馴服沒有任何意義，因為狗會擅自認為自己才是主人，不可能再順從你。

還有，學生時代的朝會或是任何儀式上，在學生聚集的場合裡，校長等管理人員一定是站在更高一層的場所說話。**像這樣，視線由上而下具有威鎮對方的含意，也可以說是非刻意地展現自己的上位權利。**

在對方坐著的時候，站著對他說話也是不錯的選擇。或者，記得不要讓自己處於需要仰視對方的局面。

麻煩人物 29

阻止抖腳的壞習慣可以先從讚美他的腳開始

瞬間讓他人改變壞習慣的方法

就像這個世界有「逐臭之夫」，每個人多少都會有些怪僻。這些怪癖可能是用餐時的習慣，或是日常生活中的一些舉動，雖然自己毫不自覺，但被人提醒後卻又相當不好意思，相信這樣的故事應該不少。

立場交換，或是你是受不了某人壞習慣的一方，總是心想：「這個人為什麼不能控制自己一點？」此時又該如何阻止對方呢？

舉例來說，會令人不悅的壞習慣之一：抖腳。雖然本人沒有自覺，但在你的視野裡出現這個動作的話，絕對相當擾人，震動甚至會影響到你。此時，比起「停下來！」，「你的腳真美啊！」這樣的一句讚美，更能讓一切嘎然而止。

POINT
什麼是「自我親密行為」？
包括摸頭髮、咬指甲等觸碰自己身體的行為。這是為了緩解緊張或不安，下意識出現的行動。

有些習慣來自於不安

許多習慣，其實反映了一個人下意識裡希望緩解不安或緊張的心理狀態。例如無時無刻地撥弄頭髮、咬指甲、來回搓手等等，這一類的動作，在心理學上被稱之為「自我親密行為」。

在感到不安或緊張的時候，人類會有觸碰父母或是另一半以達到安心的欲望。只不過，因為不是無時無刻身旁都有人，只好靠自己讓自己安心，因此會出現「觸碰自己的部分身體」的行為。

就算責備對方：「這樣很難看」，也只是徒增他的壓力而已，因此，對於咬指甲的人，讚美「你的手很漂亮」更能有效改善對方的壞習慣。

麻煩人物 30

對付抓狂的友人要不帶情緒整理對方的說法

如何讓情緒亢奮的人冷靜下來？

遭受不合理的對待、壓力瀕臨臨界點，因為諸如此類的原因而陷入憤怒的人，要讓他們冷靜下來相當不容易。「好了好了，冷靜一下！」這樣的勸阻經常會讓對方更失控，無疑是提油救火。有時候，事情還會不小心演變成暴力事件。

這種時候，抑制對方只會是徒勞之舉。首先，你應該讓他不吐不快，減輕他的不滿才是最優先工作。「氣死了！」、「很氣吼！」像鸚鵡般的回話，讓他說出心裡想說的話吧！此時，就算被說「你說的根本是錯的」也不要否定，最好像鸚鵡般回答：「我說的其實是錯的！」

POINT
如果遇到對方強詞奪理呢？
在一個人動怒的時候，對他講道理是行不通的。即使對方誤解你或是已經陷入妄想，你的否定只會加深他的憤怒，首先先讓他說完所有想說的話吧。

等對方發洩完，再整理他的發言內容

學鸚鵡回話讓對方爆發所有不滿後，接著來整理他的情緒。「所以，你是因為○○原因，才這麼生氣的嗎？」

最重要的部分來了，**人類，會因為別人說出了自己的情緒而感到安心**。面對會傾聽自己心聲的人，自然能冷靜回答「對」或「不對」，而這也是對話走向平和的證據。

當然，這件事需要你傾聽那個正在抓狂的人說的話。面對生氣的人，容易感到畏懼或是想要反抗，這時記得先不要用情緒回應對方，而是要導引對方說出「對」，你要先摸清楚他「憤怒的點」在哪！

Chapter 03

對付白目男子

的心理術

麻煩人物 31

對於試探性提問直接回應「無可奉告！」

認真回答就輸了！

有些男人，遇到欣賞的女性就習慣去議論她，或是在談話中刻意加一些艱澀的用語，這種人物相當麻煩。通常，他們的目的不外是「透過駁斥對方展現具攻擊性的一面」、「希望被讚賞」，說穿了，去搭他的腔並沒有任何好處。

如果你跟對方是同事關係，若被問到「A公司的某某最近又拿到一個大案子了，妳怎麼看？」這樣的問題，不回答似乎更麻煩。不過，認真回答的話，更是中了對方的圈套。他想要燃起妳的勝負心，直到徹底辯贏妳為止不會善罷干休。這種時候妳可以說：「還不好說吧，畢竟還沒有看到真正的成果。」或是「無可奉告」才是正解。

POINT
說話喜歡夾雜英文的男人超討厭！
說話參雜英文，或是喜歡說些艱澀話題的男人，通常只是想展現超乎自己實力的能力，有時候他們也會想要刻意展現自己知性的一面。

「無可奉告」的神奇效果

「關於○○你怎麼想？」、「你認為呢？」對於這些麻煩的問題，你可以回答「現在還無法判斷，必須繼續密切觀察」採取不正面回答、「確定忽視」的好處是可以傳達出「我不會做出隨便的判斷，以及「我不會被你煽動」的明確訊息。特別是面對喜歡議論或質問他人的對手，可以讓對方認為「這個傢伙可能不太好應付」。這時，主導權就到了你手上，可以說勝敗已經見分曉。

饒富深意的回答，會讓對手擅自生出許多想像，對你來說也會比較輕鬆。這個方法不只可以用於對付麻煩的男人，在商場上也適用。許多同業人士，為了試探你的能力或專業知識，也會突然問一些與本業無關的問題。

在私生活方面，參加姊妹聚會時被問到「妳知道那個○○發生的事嗎？妳覺得呢？」像這種時候，**若是隨便回答等於**

NG WORD
我覺得是這樣耶……
面對這類人，這種回答會遭到反駁，就算說不知道也會遭受輕視。記得聰明回擊，攪亂對方的步調。

自掘墳墓，在讓自己陷入不利的立場之前，用不成答案的答案帶開話題才是最聰明的選擇。

也就是說……

「無可奉告」是不戰而勝的技巧！

我現在無法答覆你。
記得不要對試探性問題誠實回答！
這個人……該不會真有兩手～!!

麻煩人物 32

越想讓他說出口 越要提示他「不要說喔！」

從恐怖電影學習到的人心操控術

在經歷幾次約會後，希望對方能有更進一步的邀約，卻遲遲沒有走到這一步……對於這樣的男人，妳是不是感到很鬱悶呢？就算如今是個性不積極的「草食男」當道，女人還是會有希望對方主動一點的時刻。

這時，可以試試看「卡里古拉（Caligula）效應」。藉由「不能說」、「不能看」等否定語言，撩起對方的好奇心，讓他變得「想說」、「想看」，也就是對於被禁止的事物反而產生了興趣。也就是說，希望他說出口的話，故意不讓他說，對方自然會越來越想這麼做。妳想讓他說什麼呢？

POINT
什麼是「卡里古拉效應」？
「卡里古拉效應」一詞源自1980 年美義合拍的電影《羅馬帝國豔情史》（Caligula），該電影由於內容過於極端而在波士頓等州被禁播，結果反而造成觀影人數增加。

小心卡里古拉效應的反效果！

使用「卡里古拉效應」，像是對遲遲沒有進展到 kiss 階段的對象說：「不能來我家，我家太亂了有很多東西不方便！」反而會引起對方興趣，進而對妳說出：「可以去妳家看看嗎？」這個技巧對於彼此像是空氣般存在、相處變成例行公事的情侶而言，也是一個很好的生活調味。如果他問：「妳昨天晚上在幹嘛？」妳可以回答：「不要問，不跟你說！」可能反而會引起他的好奇而追問：「為什麼？快說啦！」如果這樣他都沒有反應，妳可能就要擔心別的可能性了。

不過，我們也常常出於擔心，會叮嚀情人「不能～喔！」。例如介紹漂亮閨密給男友時，妳可能會說：「這是我朋友小○，你不能喜歡上她喔！」這句話百分之百，會引起「卡里古拉效應」，讓你的男友更在意對方。「不能偷吃喔！」、

NG WORD
說「要不要上來喝杯茶？」不行嗎？
這類帶有邀請含意的問句，如果對方對妳有意思的話應該會有效。不過，真正的高手會讓事情往「讓對方對自己產生興趣」的方向進行。

「不能跟別人搭訕喔！」這樣的叮嚀也是一樣。雖然擔心在所難免，但妳越說，對方的心就越癢，效果根本是本末倒置。

請注意，不希望他做的事，妳就不要說出口。

也就是說……

要想巧妙操控對方，使用「不要說」、「不要來」這樣的禁止式語言是最有效的方法。

你絕對不能說「喜歡我」喔！
希望他說的話，就要禁止他說！
為什麼不能說喜歡她？真是太好奇了！

麻煩人物 33

和不懷好意的人握手輕輕握就好

用手傳達：「我對你沒興趣！」

許多男人喜歡跟人握手。工作場合上當鬥志高漲的時候，或是同事聚餐接近尾聲的時候，「來，握個手吧」如果有人像這樣對妳伸出手來……另一方面，和自己沒興趣的異性有身體接觸的感覺有點奇怪，這時，切記不能大力握手。

根據瑞典心理學家奧斯特隆姆（KJ・Astrom）的研究指出，握手強而有力的人通常屬於人際關係積極且較無防禦心的類型。此外，有力的握手會給對方「可以和這個人成為朋友」、「和這個人一定處得來」的印象。

也就是說，**有力的握手，會給你不感興趣的對象傳達錯誤的訊息**。面對沒興趣的人伸出來的手，輕輕地握一下就好。

POINT
為什麼要握手？
握手是為了表達善意或是展示友情。有一個說法是，古時候的人以慣用手握手，目的是為了展示手中藏有的武器。

從「握手」可以掌握到許多情報

許多人面對不感興趣的人時，根本不會想要跟他握手，但光從握手這個動作，其實可以讀取許多情報。

例如前文描述的，握手強而有力的人，通常是表示希望和你進行積極的對話。

要和握手的人發展成什麼樣的關係，也可以從對方的手掌心是冒汗還是乾燥來判斷。手掌乾的人，通常是心胸開闊、擅於與人交往的人；而掌心濕濡的人，通常是性格較內向、為人際關係所苦的類型。

對於女性讀者來說，如果對方是妳在意的男性，握手時妳發現對方掌心乾燥，不妨當場就積極地約他吃飯看看，一切或許會順利地往下走。如果對方掌心濕潤，建議妳花多一點時間加深彼此的了解，或許會打開他的心防。

日本人的握手文化相對地不是那麼普遍，如果是有海外求

注意(CAUTION)
不小心回握太用力的話……
有力的握手代表熱情或具有好感。接受這個動作絕對不是壞事，只要不要造成對方誤會就好。

學或就業經驗的人，握手時就算沒有特別意圖，也會讓妳感覺他對妳很有好感，這點要特別注意。針對如何觀察對象，希望能提供給讀者參考。

也就是說……

熱情的握手會製造彼此的親近感！對於那些你不感興趣的人，手要輕輕的握。

沒勁地回握可以讓對方知道一切「沒戲」！
啊？該不會她沒什麼興趣吧？

麻煩人物 34

聚會時若出現麻煩人物待在他左側就對了

人的臉（或表情）左右大不同

人類的臉看似左右對稱，其實不然。從眼鼻到肌肉生長的方向或彈性，左右兩邊其實有相當的差距，給人的感覺也差很多。你可以試著從正面拍下照片，然後試著翻轉右半或左半，相信會出現完全不同的臉龐。通常，右臉給人的感覺較俐落、左臉則是較柔和。

了解這個特點，對職場上或私生活中也有幫助。譬如說，當女生與某位緊迫盯人的對象，在餐廳並肩而坐時，可以選擇坐在對方的左側。讓他看到妳較冷峻的一（右）面，就比較不會被對方牽著鼻子走。

POINT
能給人好印象的通常是哪一邊？
拍照時較上相，也就是所謂的「上相臉」通常是右臉，一般認為這與你的右腦或是慣用手有關，有多種解釋。

左臉會透露你的情感

美國心理學者利奧波德．貝拉克（Leopold Barack）和他的助手讓受測者做出驚恐、生氣、悲傷、嫌惡等表情，並取用單側製作臉部的合成相片。實驗者比照原始照片、左臉的合成照片、右臉的合成照片，發現會強烈顯露感情的是以左臉製成的合成照片。

我們因此發現，無論是悲傷或是喜悅的情緒，我們真正的情緒容易顯現在左臉，較社會化的表情則是出現在右臉。

原因在於，我們的左臉受到掌控影像或感情的右腦支配，而右臉則是受到掌控語言或邏輯思考的左腦支配。

即使刻意控制情緒，研究結果告訴我們，左臉依然比右臉透漏了更多情緒。所以，日後無論是商業場合或是私人感情，當你無法解讀對方的真心時，不妨注視對象的左臉，或許可以讀出什麼訊息也不一定。

POINT
想要隱藏謊言時該怎麼做？
為了不給對方趁虛而入的機會，盡量以你的右側示人吧，左臉容易表露真心，容易被看穿謊言。

另外，還有一個實驗告訴我們，當人在隱匿什麼事情或是說謊時，會不經意要隱藏自己的左臉。同樣地，做了虧心事時，建議你盡量不要讓對方坐在你的左側。

也就是說……

面對那些你不在意的人，就讓他看到你的右臉吧！如此一來可以減少許多不必要的糾纏。

不喜歡的人，
就讓他看右臉來製造障礙！
感覺很冷漠耶……
這個一定沒戲了……

麻煩人物 35

身邊有討厭的人你可以頻繁換腿翹腳

交叉雙腿是拒絕的表徵

只跟自己喜歡的人交朋友，人生一定會過得更開心吧？但現實生活中，你的周遭絕對不會只有自己欣賞的人。當身邊的對象讓你只想盡早離開這場聚會時，建議你不妨頻繁地換一隻腳來翹腳。這個動作表示了極度的不耐與煩躁，相信有點觀察力的人若是發現的話，一定會想盡快地解放彼此吧。

翹腳這個姿態一般表示在拒絕對方，它和交叉雙手這個動作一樣，帶有築起防禦城牆的意味，不過只要對方是你不喜歡的人，或許自然而然就會出現這個動作也不一定。

另外，膝蓋完全併攏的坐姿也是一種警戒對方的表示，相反地，腳開開表示對對方說的話不感興趣。腳，也是一個會強力顯現目前心理狀況的身體部位。

POINT
在喜歡的男性面前翹腳呢？
女性在男性面前翹腳，比起拒絕，感興趣的可能性大得多。這個時候，換腿翹腳就會是一種性感的表現。

藉由坐姿表達拒絕的態度

一個人的坐姿經常會在無意識間顯露我們的情緒，而當你希望傳達某些訊息給對方時，也可以採取相對應的坐姿。

例如，**椅子只坐一點點，表示緊張、有所顧慮，身邊的對象讓你有所警戒**。這是因為，當有事情發生時，淺坐姿能讓你迅速逃離，一切是出於動物本能。然而，現代社會的普通生活中，鮮少會遭遇真正需要逃離的危險情況，因此淺坐的目的意在化解本人的不安。對於有所警戒的對象，淺坐也可能是在刻意傳達你的緊張與抗拒感。你可以將此動作與頻繁地換腿翹腳互相搭配，有效地支配對方的感受。

麻煩人物 36

用負面暗示讓忍他很久的對象自取滅亡！

心理戰術誰也看不穿

明明對他不感興趣，對方卻死纏著你不放，女性經常會面對這種情況。有些男人實在是自己生理上無法接受的對象，像這種時候，不需要親自動手，不妨試試能讓對方自取滅亡的「反安慰劑效應」（Nocebo Effect）。不過，這招算是重手，不到無法忍耐的時刻，或是不是真的講不聽的對象，不要隨便使用。

做法很簡單，向對方說一些無憑無據的謊言，例如，「最近聽到關於你不太好的傳聞，沒事吧？特別是上頭傳來的……」、「我一直跟大家說不要這樣講你了，但是……」等等的話，藉此增加他的不安，他自然會自顧不暇，無力顧及你了。

POINT
什麼是「反安慰劑效應」？
偽藥被醫生告知是有效藥物所產生的效果，稱為「安慰劑效應（Placebo Effect）」，它的相反模式便是「反安慰劑效應」，在暗示藥物無效時，會造成病人病情加重。

不是事實的謊言也有效果

「安慰劑效應」是指將完全不具療效的假藥稱為「有效的藥」，藉此讓患者深信病情會好轉，而「反安慰劑效應」便是相反的效果。在反安慰劑效應中，假藥被視為有害藥物而引起中毒症狀，這表示即使是謊言也有某種效果。只要對方深信不疑，就會自我滅亡。

為什麼沒有實際要用的假藥也會對身體造成影響呢？心理學上認為，經由暗示產生的效果，或是附帶條件下對於某刺激而引起的特定反應，都是原因之一，人類的身心，本來就是如此的不可思議。

反安慰劑效應的原始意義，是讓對方以為服下有毒的藥，進而促使對方生病，但真實生活中這麼做可是犯罪行為，但若只用於心理層面的話則是誰也看不穿。

當飲鴆止渴的對象向你諮詢，問到：「這些話你是在哪裡

NG WORD
走開啦！討厭！
得不到的越想要，這是人之常情。利用反安慰劑效應，在假裝關切後遠離，更能妥善處理一段關係。

聽到的？」、「誰跟你說的？」便是此效應成功的證明。你可以以同情的姿態提出「要不要申請調職？甚至換工作我覺得都很合理」等等建言，這個人或許就會自動從你身邊消失了。

也就是說……

說一些和當事者有關的負面傳言，不是事實也無所謂，這麼做可以讓他在意並自取滅亡！

發生什麼事的話，可以找我聊聊喔。
假裝站在他這邊，略施小技。
我什麼也沒做啊……是誰在傳這種事情？現在究竟傳成什麼樣子了?!

麻煩人物 37

愛炫耀的自戀者 問你意見時 盡情忽視他就好

露出有興趣的樣子就完了！

你的生活周遭，是否有人總喜歡在對話中加一句：「你覺得呢？」如果問題是關於自行車、汽車，或是音響等高價物品，那這個問題百分之百是自戀者在炫耀他自己。若你不小心回一句：「啊，這個最近好像很熱門！」會讓自己陷入困境，無止盡地聽到對方的炫耀內容。就算提出「風評似乎不太好」的否定句，對方也會像打不死的蟑螂，繼續辯解道：「啊，那是你不知道，其實……」這種人實在相當麻煩。

只是想炫耀的人，通常都有些小聰明，要拒絕這樣的人，表達自己「不感興趣」才是正解。就像蟑螂蛋一樣，要在孵育之前消滅它。

POINT
講電話落落長的人有夠煩！
電話習慣講很久的人，心態通常是「希望自己能受到更多認同」。透過不停的講話，也能消解他們一直以來積累的壓力。

喜歡自吹自擂者的心態是？

有開心的事情便想和他人分享，這是生活中的人之常情，但是，過度的自我吹捧會遭人嫌也是常識。即使如此，還是忍不住吹噓的人，又是什麼樣的心態呢？

炫耀，然後接受他人羨慕或忌妒的眼神，會讓人產生幸福感。因為認為自己具有價值，也受到他人認可。

不過，這個心態的背後，是不被稱讚就無法感受到幸福的狀態，也隱藏了沒有自信的劣等感。因此，看到比自己幸福的人就會產生忌妒心，總是讓自己沉溺在負面情緒當中。這樣的人，為了排解心中的鬱悶，自然無法停止稱讚自己的話題。其實，就某方面而言，他們不過是無法靠自己認同自己的可憐人。

麻煩人物 38

對沒興趣的男人可以選擇操控或牽制他

「不要喜歡我！」是禁語

面對沒有興趣的人，希望對方不要繼續糾纏自己，有些人會選擇告訴對方「不要喜歡上我」，或是「不要約我」。這種說法有兩種可能的結果，一是男人受到打擊後不敢再約第二次，但更多時候有極大的可能會造成反效果，是非常危險的選擇。若是引起「心理性的抗拒」（reactance），可能更會燃起對方的熱情。

人會傾向由自己來決定自己或周遭之人的事物，當聽到「不要這麼做」時表示被奪走了決定的自由，為了抗拒這樣的壓力，自然會堅持自我的主張。

也就是說，當你說出「不要喜歡我」，會讓對方更加認為「要不要喜歡一個人是我的事」，因而變得更在乎你。

POINT
什麼是「心理性抗拒」？
聽到「不能做」更想做、被說「不能看」更想要看的心態。因為別人加諸在自己身上的價值觀感到壓力，產生反動的心理。

如何牽制麻煩的對象？

面對不感興趣的對象，太直接的回答也很麻煩。「假日有活動嗎？要不要去吃飯？」為了避免諸如此類的糾纏，可以事前灌輸對方「我這週很累」、「假日喜歡賴在家休息」這樣的訊息，讓他自動察覺你「這週約了也不會出來」。

這是利用「間接暗示」的方法，讓對方察覺你的真心。當有不好說出口的事情時非常實用，「我有喜歡的人了，是你不認識的人……是我在單戀。」說一些類似的藉口，對方自然會知難而退吧。

不過，比起女人，男人的「察覺能力」較差，要注意這種間接的說法有可能會無法準確傳達。

麻煩人物 39

愛用「知道知道」當藉口的男人就追問細節打擊他

其實他根本不知道……

有一種人，終日無所事事，面對該做的事情總是一堆藉口無心努力。這樣的人如果被提醒，還會反過來發脾氣，說自己「都知道」，其實他什麼都不知道，他們的言行舉止不難預測。

他們說自己知道，其實意思是告訴你：「對於我的不足或惰性，不要隨便出言干涉。」他們的拒絕已經變成一種制約反應（Conditioned Response）。

愛面子的人，通常可以不要理他，但是如果他的言行會危害到自己，不妨反問他：「你懂了什麼，可以告訴我嗎？」像這樣追根究柢，也是一種牽制方法。

POINT
「我懂了我懂了」說這種話的人呢？
會這樣回答的人，很遺憾，他們通常都不懂。他們不希望別人意識到自己的無知，嘴上這樣說說，會讓自己安心一點。

自尊心高的魔人，就讓他自生自滅

就像有人會說「我早就知道了」，高自尊的人也有一些固定的口頭禪，像是「這不是常識嗎！」若追究下去，對方所謂的「常識」，百分之百不過只是「他自己的規矩」，他們喜歡把常識一詞掛在嘴邊，但是最沒有常識的人也是他們本身。把只有少數人承認的事情堅持說是「常識」，這樣的人其實也頗可憐，不認清事實隨便相信的話，小心自己也被當成愚昧之人。

這類型的人，藉由把對方加入比較，希望感受到優越感，但其實他在精神上還非常幼稚。不去理會讓他自生自滅，是最佳的相處方式。

自尊心高的人還常用「也就是說」這個發語詞。愛用這句話卻總是無法有效歸納話題，說來真是諷刺，但他們就是喜歡掌握話語權。由自己來歸納意見，對他們來說，就等於支

NG WORD
是常識嗎？我現在才知道……
「這是常識吧！」如果你認真回應說這句話的人，永遠會被對方輕視，或被當成笨蛋耍。

配了對方。

隨口一句「我沒興趣」的人，其實是不願意承認那些自己不擅長的、不懂的事情。這樣的人其實無害，就是自尊心高了點。

也就是說……

面對自尊心高的人，不要被他耍得團團轉，「盡量無視他」是最佳的相處策略。

你說你懂了什麼？
要讓對方明白只要說「我早就知道」就會被追問細節，讓他徹底承認無知！
什麼？現在在說什麼!?
我知道……
噢！我不知道……

麻煩人物 40

對你有敵意的人「以牙還牙」是最聰明的策略

積極地反擊回去才是上策

在職場上，如果同事對你帶有敵意，要怎麼面對他才好呢？或許，有人會選擇一味順著對方，覺得這樣會讓工作更順利；也有人會堅持「不對的事情就是不對，不會特別寬容」這樣的態度。只是，在心理學上，無論是哪一種，都稱不上最佳方法。**如果順從對方，容易被當成弱者、被輕視，也只會讓對方越來越傲慢；如果選擇徹底反抗，則會燃起對方的好鬥心。**

面對這種人最佳的應對方式，已經在心理學的實驗中得到證實。也就是「以牙還牙」的作戰。以牙還牙並不是要你隨時隨地帶有攻擊性，而是在對方具有敵意的時候，以敵意回報，在對方表達善意或合作意願的時候，也選擇配合，這就是作戰的鐵則。

POINT
不小心就居於弱勢的話……
只要被這種人認為你比他弱，之後你都會在對方的脅迫下被迫順從。或許你有點畏懼對方，但還是要鼓起勇氣，採取堅毅反擊的態度。

理解良好人際關係的本質

針鋒相對的回應方式，在英文上稱為「tit for tat」，也就是以牙還牙。看起來好像是找人吵架，但以協調回應協調、以對立回報對立，其實這個詞也可以作中性的解釋。因為自己的行動，才帶來這樣的反應。幾次下來，對手也會有所警惕，認為「不可以這樣隨便待人」，無理的強勢會遭到反擊，要讓對方理解這個道理。

如果是同事，想在工作上維持和睦關係是人之常情。當他知道，對的行動會招來對的反應，之後勢必也會修正缺點，做出讓步舉動了吧。

麻煩人物 41

再討厭的人 讚美他身上的穿戴 就能有效親近他

就算不情願，也要刻意讚美！

和討人厭的人分到同一個小組或是在同公司工作，任誰都會感到不愉快。就算如此，如果想要跟他和平共處，不妨試試讚美對方。

只不過，因為討厭對方而使得心情上調適不過來，或是只看到缺點，找不到讚美的點……這個時候，讚美對方身上的所有物，是簡單的切入方式。例如，如果對方戴了一支性能卓越的錶款，就可以稱讚那支錶的優越之處。就算對方的全部你都看不順眼，但讚美外表至少比讚美個性容易多了。

當身上的物品被讚美，會讓對方心中產生「認同作用」（identification）。這是因為對方產生了所有物被讚美等於自己被讚美的感受。心情變得愉快之後，自然有助於關係改善。

POINT
什麼是「認同作用」？
這是把自己的所有物視為「自己一部分」的心理機制。若是特別中意的物品，該作用會更加強烈。

敞開心胸之後的連鎖反應

試著讚美對方身上小物的行動，即使不是什麼大改變，也會讓對方願意敞開心胸。我們無法喜歡所有的人，「有討厭的人在身邊」這件事本身並無法避免。如果討厭某人就迴避，你就不會知道接下來人生會發生什麼進展。在能力範圍內，建立能讓自己開心生活的人際關係，最後也會減少許多自己的壓力。

有時讚美對方、偶爾承認對方的優點、試著說出自己的情緒，像這樣敞開心房，建立「自我開示的相互性」的心理結構，對方也會跟著敞開心胸，對你展現更開放的態度。一直討厭一個人會讓自己感覺疲累，試著一點一點慢慢敞開內心，也許會有意想不到的效果。

Chapter 04

對付麻煩親戚

的心理術

麻煩人物 42

從右側接近對你有競爭意識的兄弟姐妹

從靠近方向減輕對方的敵意

堂（表）兄弟姊妹的存在，通常也是麻煩事。若你們年齡相近的話，雙方父母容易愛比較、互相競爭，從學校、就職公司，一路評論到外表。明明自己沒有這個意思，卻被大家視為競爭對象，沒有比這更煩人的事了。

面對敵視妳的堂（表）姊妹，如果有些場合不得不見面，建議妳還是學一點能夠幫助自己披荊斬棘的技巧。方法很簡單，說話的時候，從右邊靠近她。**心理學上，我們會警戒從左側靠近的人物，也會產生壓迫感；從右側接近的人，反而會感到安心。**面對煩人的親戚，也要學會一點巧言令色。

POINT
為什麼從左側靠近會引發人的警戒心？
我們的心臟位於左側，人類下意識中潛藏著保護心臟的本能，自然會產生我們的警戒。

希望讓人對你留下好感，就從右側靠近他

對從左側靠近自己的人，我們容易對其產生警戒，會自動希望跟他保持距離，這個法則也可以應用於職場上。當你在工作中，感受到某人的敵意，不妨確認一下雙方的位置。從對方的左側繞到右側，如此一來你們的對話有時會意外地更加順利，回復到正常溝通狀態，這都是因為從右側靠近的人，較能帶來安心、親切等正向情感。

回到煩人姊妹的話題。雖然剛剛的建議是如果有交流的必要時，就算不喜歡最好也維持良好關係，可以從對方的右側接近，但是，也有情況是不管怎麼樣都不想和這個人有所來往。這個時候，如果妳從左側接近對方，對方也會覺得和妳相處的感覺並不舒服，而主動離去。

從哪側接近，給對方的印象也會跟著大不相同。被煩人的對象纏上時不用只是忍耐，主動控制局面，也能減輕自己的

注意(CAUTION)

看不透對方的真心時該怎麼辦？

「真正的心情」等較強烈的感情，容易從左側顯露，因為我們的右腦掌管印象與感情。要觀察一個人的真心，就要觀察對方的左側。

壓力。這其實不只適用於堂（表）姊妹之間，如果身邊存在麻煩的上司或前輩，不妨也將此技巧應於與他們的人際關係中，相信妳的人際關係將變得更輕鬆。

也就是說……

跟麻煩人物交流時就從他的左側接近，但若希望對方對妳有好感，最好就從他的右側接近。

喂、喂～
希望對方遠離妳的時候，就從左邊接近她！
什麼嘛這個人
感覺有點討厭……
我還是保持距離吧！

家族成員的謊言從視線或動作就能馬上看穿他

眨眼頻率增加是說謊的徵狀

家族內總有些家人讓人無法信賴，風評不好的叔叔、氣焰高張的表哥，或是信用破產的阿姨等等。為了不讓自己被捲入麻煩，必須要能明確判斷對方是否可以相信。這種時候，可以觀察對方的眼神或動作等，這些人類下意識中會透露感情的幾個地方。有可疑的現象，我們就要看穿。

俗語說：「眼睛是靈魂之窗」，而心理學的研究也證實了這句古諺的真實性。舉例來說，人的眼瞼一分鐘大約會眨二十次。大概是3秒一次。**比這個頻率還頻繁的次數，可以說是處於不安、畏縮等緊張狀態的證據**。如果是對話途中出現頻繁眨眼，可以合理懷疑對方正在說謊。

POINT
為什麼謊言一多，就會眨眼呢？
人在不安時會本能地撇開視線，因為眼睛會透漏情緒，這是為了不讓別人讀取你情緒的舉動。而眨眼也一樣，它減少了眼睛睜著的時間，讓對方不那麼輕易讀取自己的心思。

其他說謊的徵狀是？

一個人在說話的時候，從「視線如何移動」也可以解讀他的心理。看左上，代表發揮的是直覺、空間性的感覺；看右上，則是在進行邏輯性思考。如果對方跟你說話的時候，眼神朝向右上，表示他正在想一些非記憶中的、新的事物，也就是說，他可能在說謊。

一個人的動作裡也有許多徵狀。**簡單的例如將手放入口袋中，或是藏在桌下等等，都是代表「有所隱瞞」的動作。**還有，若是一個人比平常多話，也是因為有一些祕密或是不方便的事情不希望被對方發現。坐不住、突然結束話題等，也可能是因為「自己有一些不自然的地方，不希望對方看到」。

如果對方有抽菸的習慣，可以觀察他抽菸的頻率。抽菸經常是為了穩定情緒，如果對方抽菸的次數增加，為了自保，你也要有所警覺。

NG WORD
你幹嘛一直眨眼！是在說謊嗎？
覺得對方說謊時，有人會選擇直接質問，但這是不對的。當對方處於緊張狀態，突然被拆穿謊言反而會因此動怒。

其他值得觀察的行為還有：頭部傾靠代表放鬆，這個動作會讓脖子肌肉鬆馳，在緊張狀態中的人絕對不會做這個動作。脖子是身體的重要部位，通常我們不會刻意亮出脖子，當對方在你面前做出這個動作，或許可以相信他說的話。

也就是說……

眨眼頻率增加、比平常多話等，都可能是說謊的象徵，必須特別留意。

可以用眨眼頻率或視線，
輕鬆看穿對方的謊言！
啊、該不會被看穿了？
該怎麼辦！！

麻煩人物 44

不想做的事情就用「權威式」理由拒絕對方！

不想出席無聊的家族聚會該怎麼做？

看到同學寵小孩的畫面覺得很幸福，但如果是自己的親戚寵小孩就會讓人感到困擾了。不特別親或是任性無禮的姪子的生日或運動會，被邀請參加了並不會感到開心。我們沒有義務為了這些事情，犧牲難得的假日。

但是，對方畢竟是親戚，拒絕方式必須慎重。隨便地拒絕會傷到對方自尊，之後親戚往來也很麻煩。

這個時候，可以使用一些「權威式的理由」。例如，「醫師指示，叫我要靜養」、「要陪客戶打高爾夫球無法拒絕」等等。這些理由，對方聽了會釋然，也容易接受。之後再補一句「不能去真是抱歉」就很完美了。

POINT
端出「誰」才算好的拒絕理由？
你必須端出醫生或老闆這類無法令人拒絕的對象。「和朋友有事」這種理由只會讓對方覺得「朋友比我們重要嗎」，而把事情搞得更麻煩。

「不克參加」的理由要能夠說服對方

就算是麻煩又不重要的邀約，拒絕的方式還是要讓對方覺得「沒辦法參加也是情有可原」。前例舉了醫生和客戶，其他像是提出老闆或恩師等權威人士為理由也很適合，尤其對一向服從權威的人更是適合。

相對的，「很忙無法」是你絕對不能用的理由。有一些人有被害妄想症，還會因此認為對方在暗諷自己「是很閒的人」！不僅傷害雙方感情，也會讓事情變得非常麻煩。還有，雖然建議事後道歉，但過度優柔寡斷的發言就不必要了。像是「不能去真是抱歉，我其實很想去的」這種過度的表達，反而會讓對方下次繼續邀約。可以的話，盡量事前過濾這些風險吧。

麻煩人物 45

對話一開始就錨定自己的極限遠離姑嫂問題

避免招到小姑酸言酸語的訣竅

一個不小心就被酸，姑嫂這種關係越相處只會讓自己越累。因為是丈夫的家人而無法抱怨，許多人或多或少都吃過小姑的虧。運用心理學的訣竅，巧妙控制和小姑的關係，其實是現實生活中相當重要的應對能力。

這裡要學的是「錨定效應」（Anchoring Effect）。在職場上訂出「目標是業績達1．5倍」，這樣的目標更具有說服力，這是因為**人容易受到數字影響，尤其會受到「第一次」看到的數字影響，潛意識中，也會傾向將此數字做為日後判斷事物的基準**。

我們可以反過來利用此效應。例如預計3點就會做完的事情，妳可以說「6點會結束」，這樣當3點做完的時候，對方對妳的評價自然會提高。

POINT
什麼是「錨定效應」？
指事前看到或聽到的數字，會影響事後人們的判斷。有時候，冷靜思考之下可以明白的道理，也會不自覺地受到影響。

先灌輸對方「我做不到」

錨定效應的研究被應用於各種領域，這裡簡單介紹一些例子。有一個教授，向兩個班級問了問題。對A班他問：「反對學校餐費上漲的學生占全校的80％上下，實際上你覺得是多少？」，對B班他問：「反對學校餐費上漲的學生占全校的30％上下，實際上你覺得是多少？」結果，A班學生的答案，平均值是90％，B班學生的答案則是25％，兩者出現了巨大的落差。因為「80％」和「30％」這兩個數字下意識地影響了他們的答案。**就算自己覺得百分之百做得到的事情，也可以說「做到三成就很了不起了」，對方一定會受到影響。**

類似的原理還包括「自我設限」（Self-handicapping）。例如常常有人喜歡在考試前說自己「根本沒有讀書」，就是一個很好的例子。像這樣，先向周圍表達「如果做不好也是

NG WORD
百分之百沒問題！
這句話雖然讓你聽起來很可靠，但若沒成功反而會讓自己陷入險境。而且，這句話也會提高對方的期待，即使完美完成也會被視為理所當然。

沒辦法的事」，創造出對自己有利的條件來守護自尊，這是為了不讓別人降低自己評價的一種行為模式。用得好的話，甚至還可以彰顯自己的能力所在。無法用數字來表達的時候，可以說「今天狀況很不好」、「這次的作業很難」，也會有相同的效果。

也就是說……

人容易受到數字影響。所以，先說出一個期待度較低的數值，可以讓對方更認同自己！

媽，
我做好了！
先降低對方的期待……
啊，這麼快啊？
其實妳可以做得很好啊！

麻煩人物 46

跟「欲望」有關的關鍵字可控制難相處的歐吉桑

歐吉桑們很好對付

親戚中一定有一兩個難相處的歐吉桑。不知道該怎麼和他們相處，或是聊些什麼時，只要圍繞著「欲望」這個概念就可以了。

只要是人，都會有欲望。其中包括食慾、性慾、對財富的渴望、睡眠需求等，更是人人渴望的事物。看看電視或報章雜誌上的熱門詞彙就知道了，「美食」、「性愛」、「胸部」、「賺錢」、「睡得好」、「健康」等不一而盡，這些都是人類本能的需求。

再怎麼難相處的歐吉桑，冷淡的表面下也是一團慾火。帶他們去吃好吃的，或是送個禮物讓他們覺得滿意，滿足了他們的欲望，他們自然會變得親切。

POINT
人的欲望分為哪些呢？
飢渴、排泄、睡眠、性等快感性的事物屬於主要需求（Primary Needs）；金錢等透過經驗得到的事物，屬於次要需求（Secondary Needs）。

希望對方怎麼做，就先控制他的欲望

歐吉桑們之所以難相處，是因為我們無法理解什麼事物會讓他們感到開心或滿足。理解他們只會造成自己的壓力，與其浪費時間，不如把精力花在操控他們想到的事物上，會更快達到你的目的。

例如，慢性病纏身的人還是會想要享受生活，與其嚴厲規定其飲食，不如建議他加入有異性教練的運動俱樂部，或是帶他們去吃健康的食物。比起強度運動，這樣更輕鬆也更能讓他們瘦下來。

相處上有問題的時候，可以圍繞著基本欲望來思考，這就是正確打開歐吉桑心防的方法。但切記，不要讓他們沉迷上女色。

麻煩人物 47

「您說的都對！」一句話搞定易怒的歐吉桑

禁止說話刺激他們

親戚裡的歐吉桑幾乎都是愛碎念的大叔。每逢婚喪喜慶或過年過節，只要見到面一定會提到結婚、生小孩、工作等話題，實在很想讓他們住嘴。如果其中有建設性的意見倒還好，但他們的發言幾乎都是「沒營養的內容」，一般可以左耳進右耳出，而最麻煩的情況就是他們動怒的時候。

當這些歐吉桑生氣的時候，最能夠收拾場面的方法就是「順從地聽他們罵30分鐘」。即使實際上什麼都沒做，但表面上你做到了「傾聽」。邊道歉，邊聽他們說話，當對方越罵越累，自然就會安靜下來。

POINT
為什麼有人這麼容易生氣？
容易生氣的都是自卑感強烈的人。尤其是當他們有心事的時候，就算煩惱原因來自外部，他們也會將自己的問題「投射」在談話對象身上。

面對怒氣唯有「這件事」不能做！

仔細聽歐吉桑罵的內容，可以發現內容經常只是單純找碴，對方並沒有過失之處。不過就是無名火想找人發洩而已。這種時候，要是說「話是這麼說，但是……」、「叔叔說的我都知道，但是……」聽起來有點像是諫言的話，其實更是火上加油。由於可能加倍惹怒對方，可以說是NG的行為。

話雖如此，只是假裝聽、悶不作聲，也是NG行為。當你擺出這種態度，又會招來「把我的話當耳邊風啊你！」的怒罵。

這種時候，可以點頭稱是，反覆回答「真的是你說的這樣」、「對不起」是最佳策略。當對方感覺到你的誠意，怒氣自然也會收斂一點。

麻煩人物 48

用你的坐姿擊退話匣子關不起來的婆婆媽媽們

不說「時間差不多了」也可以！

親戚裡有一些婆婆媽媽，可以堪稱是廢話達人。聊家人間的事情還好，有些人連女兒的朋友或鄰居的誰發生什麼事，都能說個沒完，這樣的人真的很煩。「（時間）差不多了……」如果你這樣切入，對方可能會說：「還早吧！反正你回家也沒事做不是嗎？」讓你敗下陣來。

這個時候，用言語表示對方不會懂，也可能會傷害感情，這樣的人通常喜歡說閒話，傷感情只會為妳帶來困惱。此時更有效的方式是「用行動表示」。

例如，在聽她說話的時候，瞄一下手錶，或是開始收拾桌上的東西，都是能有效讓對方察覺的動作。面對說不通的傢伙，用行動表示比較快。

POINT
喜歡說八卦的婆婆媽媽是什麼心態？
喜歡說八卦，是因為內心希望藉由共享祕密來縮短彼此的距離，並成為一體。希望跟你變得親近才會聊八卦。

CHAPTER.01 職場怪咖
CHAPTER.02 豬隊友們
CHAPTER.03 白目男子
CHAPTER.04 麻煩親戚
CHAPTER.05 難搞客戶

面對難纏的對手時……

如果是連看錶、收桌子都行不通的對象，終極手段就要使出有點露骨的動作了。你的坐姿可以調整為淺坐，上半身微微前傾，這個動作可以表示「話題該收尾了」，如果這樣還行不通，就表達「我老闆快要打給我了……」等等，可以利用權威者作為理由來拒絕對方。

人在「想結束對話早點回家」的時候，無可避免地會出現很多動作。例如偷瞄手錶、玩手機、伸手去拿空杯子來喝等等，都是明顯按捺不住的動作。還有，不斷走來走去的人也可能是想離開，例如藉故「我打個電話」或是「我去一下廁所」等，一直離開座位的人，大多是想結束對話的人。

還有，有時候你以為是習慣動作，也可能是一種心情的表現。例如，手撐著臉頰是感到無聊、聽對方說話時摸耳朵或是頭髮是「這件事已經聽膩了」等等。

POINT
猛點頭的人呢，又表示什麼呢？
「嗯嗯嗯」一直猛點頭的人，其實是在說「這個話題已經聽得很煩了，快點結束它吧！」不過也有人只是習慣動作。

當你變成說話的那一方，也請務必參考這些訊息。

也就是說……

故意做出「想回家」的肢體暗示，可以讓對方停止對話！

很愉快的時間，
先離開不好意思！
好好地結束這一回合
的對話吧！
想回家了嗎？
光聽我說，你也煩了吧！
不好意思喔～

麻煩人物 49

和愛找碴的阿姨吵架就算動氣也別傷害對方自尊

吵架會讓人迷失自我

你有沒有被某個三姑六婆的親戚嫌小氣而氣到內傷的經驗呢？每個人都有自己的地雷，對於結婚或生小孩這種敏感話題，總是毫無顧慮的干涉，正是親戚大媽的特色。

對這樣的人，有的時候若不疾言厲色的回應一次，她們不會有所收斂。不過，生氣的時候由於情緒過於高漲，經常會**說輸對方，也無法達到讓對方明白你立場的本意**。這在心理學上屬於「負面溝通」（Negative Communication），是毫無意義的非生產性行為。而且也可能會傷到對方自尊，讓事情變得更加麻煩。

POINT
無法抑制情緒的時候該怎麼辦？
有時候怒氣上來，人會無法控制自己的情緒。這時候可以試著回想一下，現在究竟為了什麼在吵架？

具有攻擊性的人是什麼心態？

如果被喜歡批評他人的人纏上可就麻煩了。這種人從藝人到親戚的小孩、女兒的男友等等都可以批評，「那個小孩不行」、「一定是父母沒教好」，一直被迫聽到這種言論，相信你的心情也不好受。甚至會開始懷疑，自己在某個時候是否也被這樣議論。

俗話說「半瓶水響叮噹」，這類**喜歡中傷他人的人，通常都是自卑心態作祟**。和他人相較下「自己居於劣勢」，或是覺得「我什麼都做不好」，為了讓這樣的自卑感消失，選擇拖他人下水，採取了攻訐他人的行動。

看到美麗的女明星，她們會說：「只有臉還能看，一定沒腦袋！」看到活躍的人物，可能會攻擊對方：「只是機靈一點罷了，搞不好還是靠枕邊關係的呢！」這樣的人，即使透過攻擊別人來消除自己的自卑感，但本質上自己並沒有任何

NG WORD
是對方先討厭我的！
即使錯在對方，如果妳只是不想吵輸，或是希望傷害對方，那等於和對方是同樣程度的人了。記得，傳達該傳達的意見就好。

變化，當然問題還是沒有解決。而且，中傷他人的言論只會讓周圍的人對她的評價越來越差，不過，她們也不在乎就是了。有在這樣的人在身邊，只能祈禱她本人早一天看到自己的缺點了。

也就是說……

不用理會那些愛批評別人的人，就算和他們吵架，不要傷到對方自尊就好。

阿姨說得對！
我就是什麼都做不好、
什麼都做不到的人。
不想吵輸，
更要冷靜整理一下
自己想說什麼！
抱歉啦……
阿姨說得有點過分了！

麻煩人物 50

明明驕傲卻喜歡貶低自己的人就用「否定法」對付

如何阻止偽裝成謙虛的驕傲話題？

「我們家小孩喔就是笨，將來不知道要怎麼辦喔！哪像你們家小孩～能交換就好了……」說這種話的婆婆媽媽最煩人了。許多時候，這種表面謙虛的話，背後是滿滿的驕傲自負。她們希望從你的口中說出：「不會啊，小〇不是也考上〇〇大學了！」背後其實是優越感在作祟，心態非常扭曲。就算聽到稱讚，她們也會繼續回答：「哪有啊～」讓雙方陷入說場面話的一團混戰當中。

聽到「哪有啊～」的時候，其實你可以馬上再接一句「不會不會，小〇一定是默默努力的類型，其實很有實力的！」透過再次否定對方的謙虛，來滿足對方，也能有效阻止這種表面謙虛，其實非常囉嗦的自滿話題。

POINT
總是說一些「嫌棄自己」言論的人，是什麼心態？
嫌棄自己的人當中，其實許多都認為自己比他人還優秀。只要持續否定他的言論，他對你的好感度就會提升。

如何應對「過度自卑」的人？

許多人喜歡貶低自己，藉此聽到別人對自己的讚美。例如有人的業績明明就是一枝獨秀，卻會說出「沒有啦，我真的只是運氣好而已，和實力無關……」這樣的話。這樣的人，很可能就是「冒名頂替症候群」（Impostor Syndrome）。Impostor 一詞有「騙子」的意思，他們無法將成功歸因於自己的能力，認為這樣做是欺騙大眾的行為。**由於傾向給自己過低的評價，自然也無法給身邊的人留下良好印象**。

「冒名頂替症候群」被認為在女性當中較為常見。不過最近的研究也指出，男性的比例相較於女性並沒有太大差異。

麻煩人物 51

意見不合的家人用「二選一」策略來操控他們

同一件事，用不同的問法就能解決問題！

親戚裡的婆婆媽媽，許多人都是靠著本能在生活，若要問她們一些現實問題，例如「現在必須決定要不要……」，或是「看是要由誰來做……」，就會聽到「這個歐巴桑不懂啦～」等理由，她們拒絕理解對方說的話，也常用「那要怎麼辦～」這種語言將決定權交給他人。

不過，如果你幫她們決定，或是請她們做事，可以預見一定會被抱怨或是對方根本不會完成你的請託。這個時候，可以使用「錯誤的前提暗示」法。例如想請歐巴桑幫忙某事的時候，不是說「請妳幫忙做〇〇」，而是說「〇〇和××，妳想做哪一個？」來讓她選擇。這是以必須選擇為前提，讓當事者做出選擇的作戰方法。

POINT
「錯誤的前提暗示」是什麼？
就算有其他選項，也故意縮小成兩種選項，讓對方覺得必須從中擇一的心理。這也是業務們經常使用的心理技巧。

道理講不通就訴諸情感

大部分的人會接受錯誤的前提暗示，選擇其中一種選項。但是偶爾也會出現頑強的歐巴桑，說：「不要，我兩種都不想要！」這種時候，「但是阿姨妳很有經驗，一定一下就上手了！」可以這樣試著說道理說服對方。**順著道理來說服，對方就算要逃，也會自動落網。**

如果這樣還是不行，還有訴諸情感這一招。例如──落淚。「拜託啦阿姨，我只有妳可以幫我了。」像這樣喚起對方的善意。這種方法只能用個一兩次，建議作為最後的手段。

麻煩人物 52

巧妙的肢體碰觸可以打開個性封閉親戚的心房

戀人和朋友都適用的方法

因為有許多煩心事而自我封閉的親戚，該怎麼說服他們呢？首先，可以先憑藉親戚這層關係的親密感試著溝通。

例如，透過肢體接觸。肢體接觸這個技巧在聯誼時經常被使用，但它的效果並不只限於異性。

人面對越親密的對象，肢體接觸會越多，但肢體接觸帶來的好感並不只存在於男女之間。肢體接觸會讓我們想起被母親抱在懷中的的感受，產生了一股安心感，也卸下警戒心。一句「怎麼啦」的問候，再加上輕輕拍背的動作，像這樣態度自然地觸碰對方並搭話，相信會有不錯的效果。

POINT
只是碰到對方就有效果嗎？
在美國曾有一個實驗，餐廳的女服務生在結帳時採取觸碰或沒觸碰對方的兩種方式，發現觸碰對方的時候小費會收得較多。

小孩子的禮物要選黃色的

面對怕生的小孩或晚輩，有許多人不知道該如何跟他們相處。雖然孩子大了或許在相處上就會更自然，但如果還是希望能和他們打成一片，建議你可以穿黃色衣物，或是買黃色的玩具、玩偶當作送給他們的禮物，效果應該也不錯。

黃色是具有親切感的顏色，可以促進溝通。**看到黃色物品，雙方的心情會變得更開闊，溝通上自然也會更積極。**

就算是怕生的姪子，也可能會主動和你聊天，或是願意跟你說更多的話。我們可以發現，超市的傳單通常會印在黃色的紙上，這也是追求相同的效果。**不只是衣服穿黃色，也可以從生活中的小物著手，像是配戴黃色手帕或是用黃色筆記本，效果可期。**

最重要的，當然是笑容了。笑容會帶來親切和親密感，能夠提升好感度。情感這種東西，具有傳染的特性，你的笑容

注意(CAUTION)
有什麼顏色不能選？
外向積極的人喜歡選擇紅色。紅色是追求刺激的顏色，對於內向的小孩來說，或許會不太喜歡。

自然容易帶來侄子的笑容。原本生疏的氣氛，在你的笑臉攻勢下，對方也可能會嶄露笑容。

也就是說……

不要只是嘴巴一頭熱！善用肢體接觸等心理技巧，讓雙方關係更加良好吧！

如果是這個人，
或許可以說一些心事……
利用肢體接觸和顏色效果，
讓對方自然敞開心胸！

Chapter 05

對付難搞客戶

的心理術

麻煩人物 53

遇到沒品奧客先讓他「把話說完」做個樣子也 OK

這台電腦根本不能用！什麼爛貨！叫你們老闆出來！
用到一半螢幕就暗掉，打到一半資料都不見了！知道這些資料有多重要嗎？
啊啊，是這樣啊！
是什麼樣的資料呢？

「主管不在」、「我是新人」都是地雷！

凡是工作一定會遇到客訴。可以的話，真想轉給上面的人或是新人來處理，但如果被抓個正著時該怎麼辦呢？

最不應該的說法，是「我是新人，還不太了解……」、「主管現在不在位子上」這類的回應。面對怒氣衝天的客戶，道理已經行不通。就算自己真的還是新人，對方會說：「企業可以這樣做事嗎？」如果主管不在，他們會認為「你在耍我吧！」，這樣的言論形同火上澆油，一個不小心，還可能讓對方變身成超級奧客。

奧客其實都想要盡情發洩身上的怒火。就算有點不講理，建議你先不要回嘴、傾聽他們的意見。

POINT
若對方有錯，可以直說嗎？
就算對方有錯，首先還是要讓他們先說完自己想說的話。中途就提出反對言論，只會讓他們更生氣，也造成反效果。

應對客訴的四大鐵則

客訴的基本應對原則，首先是「傾聽」。為了更有效率地終結客訴，這裡有四個技巧要熟記。

第一，「作筆記」。除了讓對方感覺你全心全意地在聽他說話，也可以避免漏掉對方說話內容的風險。要是對方很難纏，為了防範他的說詞變來變去，最正確的方式是斷然地採取錄音存證。

第二，「給予明確的反應」。反省的態度或是和對方感同身受，要渲染這樣的情緒讓對方感受到，只要對方感到滿足，說話態度自然就會變親切了。

第三，針對對方的問題做回應。如果對方提出問題，可以試著簡化問題，然後反問對方。有時候，我們問對方問題，是希望對方回問自己一樣的問題，不一定是真的是想聽對方的意見。

NG WORD
但……主管不在……
迂迴的回話或是怯懦的態度，都會更加激怒對方。首先最重要的是先擺出傾聽的姿態。

第四，說話的時候，要真誠地看著對方。藉此讓對方的心情穩定下來，也能盡快整理出結論。更重要的是，這也能表達你的服務熱情。

經過這樣的程序，待對方表達意見、平息怒氣後，就能盡快地端出解決方案。

也就是說……

利用心理學技巧，勝利是屬於能有效讓奧客發洩怒氣的那一方！

就算是做個樣子也好。
可以先寫筆記，並給予回應，
讓對方說出想說的話！
你把客戶都當白痴嗎？
這樣說出來之後，
好像舒坦多了……

麻煩人物 54

做事散漫的人用「最晚何時？」這句話來對付

先設想最糟的情況

對於企劃或報告的交期，許多人會不當一回事，每間公司都會有這樣的人存在。如果是內部資料還有救，如果是請客戶提供的資料，在不能對窗口施加壓力的情況下，只會累積自己的壓力。

這個時候，就算問對方「需要幾天才能提供呢？」對方也絕對不會遵守交期，屆時只會讓你陷入恐慌。因此，更好的問法是：「最晚哪一天可以提供？」客戶比較會回答接近真實情況的版本。

當知道了真正的日期，也要做好可能會被延遲的心理準備。面對重要的工作事項時，請務必切記這一點。

POINT
信回得很慢的人，該怎麼應對？
可能是他覺得這封信不重要，也可能是對方忙到沒有時間回信。根據不同對象，可同時用電話再次向其確認。

一眼看出誰是做事散漫的人！

做事散漫的人，你不會想把工作交給他，可以的話，也希望他不要是自己單位的成員。這裡介紹的是分辨出這個麻煩人物的方法。

首先，比約定時間提早許多到達的人，做事不精準的可能性較高。一般以為，提早許多到達不會讓對方等待，這個人做事應該很有計畫，但實際上這個人很可能是算錯通勤時間或是無法準確估計交通時間，結果就是「與其遲到不如早到」。

這類型的人，面對臨時的邀約一定會說要參加，但也一定會遲到。有時候，不是因為做事準確所以不遲到，反而是因為隨興，所以就提早到了。

還有，有時候，即使是責任感強的人，如果同時被委託過多的工作，也可能不小心變成做事鬆散的人。「就算沒有我，

NG WORD
為什麼你不把事情做好？
就算動怒，做事情散漫的人也不會由衷地改過。先問出真正的原因，把傷害降到最小吧。

也有人會接手吧」這樣的心理不代表他原本就是做事散漫的人，這種心態可以說相當普遍。

如果對方做事不準確會造成你的困擾，那你該做的事情就是明確定義每個人的職責所在，創造出大家都無法偷懶的工作環境吧。

也就是說……

要能事先分辨「誰做事鬆散」，避免因為對方而吃虧。

最晚需要幾天呢？
問出真正可能的交期吧！
最晚的情況……有〇〇天的話就算是我應該也交得出來！

麻煩人物 55

利用「同步效果」對難搞客戶發動懷柔攻勢

光是模仿，就能讓對方喜歡你

許多教導戀愛技巧的雜誌或網路文章都會提到「和你喜歡的人做同樣的動作，會讓對方也喜歡你（同步效果）。例如當對方摸頭髮的時候，你也摸頭髮，對方喝東西的時候，你也拿起杯子。

許多人認為「這會有用才有鬼」，然而實際上，這卻是經過心理學證明的有效方法。下意識地和對方採取同樣的行動，稱為「同步現象」（Synchronicity），意思是如果刻意模仿對方的舉動，可以有效一口氣縮短雙方的距離感，創造更親密的氛圍。從強勢的客戶得到信任，順勢就通過你的企劃也不無可能。建議讀者可以試試這個方法，但請注意，如果太過刻意也會被看穿，請務必小心。

POINT
「同步效果」真的有效嗎？
人類的大腦中有被稱為「模仿細胞」的鏡像神經元（mirror neuron）神經細胞。這個細胞的存在解釋了人為何會對和自己採同樣動作的對象有所感應。

不被對方發現又能增加好感度的方法

如果客戶同為女性、年紀又相仿的話，或許舉手投足會較好模仿，同步性效果較佳。但是，許多客戶都是位高權重的歐吉桑，或是老臣當權的公司，面對與自己差距太多的客戶，許多人都不知道該如何接近。如果有共同的興趣還好，但大部分的情況都是沒有話題可聊。

在雙方有強烈距離感的時候，可以試試前文提過的「同步（pacing）」技巧。透過和對方的步調一致，例如對方說話緩慢的話，你說話速度也跟著放慢；對方凡事喜歡從結論講起的話，你提出意見時也要簡潔有力。對方笑你就跟著笑，對方驚訝你也跟著吃驚，像這樣來配合對方的步調。

不過，要不做得太過頭而被當成怪人看待，其實也不容易，建議先從「同樣的呼吸節奏」開始。仔細觀察對方，和對方以同樣的節奏呼吸，也是「頻率對了」的表現，這在心

注意(CAUTION)
模仿會被當成怪人，我做不到！
模仿對方的動作或是講話方式可能太難，如果覺得太刻意，不如先配合對方的呼吸，重要的是達到同樣的節奏與步調。

理學中是相當正確的做法。

也就是說……

不只是動作，如果連步調或呼吸都能配合對方，也會提升好感度。

好好觀察對方的胸口，
徹底學習對方吸氣、
吐氣的節奏！
感覺和你合得來喔！

麻煩人物 56

善用「3秒原則」搞定讓你緊張的對象或場合

說話時的3秒原則

有時候在對客戶提案或是開會發言的場合，我們會因為緊張而卡住。許多人在腦子一片空白的時候，更是一陣慌亂……這時候，若能夠善用這段「空白」，反而會被認為是「說話技巧高明」，在場的人也容易正面接受你剛才的沉默時刻。

說話中的沉默，若是持續1秒左右，代表「區隔語意」、「換氣」；2秒左右，可以「轉換話題」、「強調某語句」；3秒的話，則有「確認對方反應」、「醞釀期待效果」等用途。說話時，比起滔滔不絕，不時地加入沉默，不僅可以讓內容張弛有度，塑造一種「知性魅力」，也可以帶來「說話精采」的印象。當發言中出現空白，不用緊張，好好利用「空白的心理效果」吧！

POINT
我個性很容易慌張，
有沒有什麼好辦法？
腦子空白的時候，不要露出「完蛋了」的表情，試著想「嗯，就是這樣～」。等鎮定下來後再開始發言就好了。

在讓人緊張的會議上，可以先來杯熱咖啡

所謂「空白的心理效果」，就是在對話中出現空白時，如何保持冷靜，並反過來利用空白，最後給客戶帶來好印象的技巧。接下來再介紹一個對談判有幫助的小物，那就是「熱咖啡」。會議中，當交涉停滯時，不妨邊啜飲熱咖啡，再繼續開會。

人在飄散咖啡香的場所，容易感到放鬆，不容易產生攻擊或是反對的欲望。若會議時間過長，為了轉換氣氛，可以移駕到咖啡店或是飯店大廳等場所，如此一來或許可以成為會議破冰的契機，讓對話產生共識也說不定。

麻煩人物 57

別輕易相信把「絕對」兩個字掛在嘴邊的人

「絕對」兩個字，是沒自信的表現

「絕對沒問題！」、「那天絕對可以交貨！」，有些人常常把「絕對」掛在嘴邊，然而世界上沒有什麼絕對的事，頭腦稍微清楚的人都應該知道這個道理。許多人以為，敢說「絕對」的，一定是相當有自信的人……

其實，**對著別人說出「絕對」的人，這兩個字經常是說給自己聽**。

正是因為沒有明確的證據支持，才端出這兩個字來鼓舞自己。他們不是自信者，而是沒有自信的人。

還有，喜歡說「絕對」的人，具有容易感情用事的傾向，對於自己的意見即使沒有明確證據支持，也會堅信不移。不管是哪一種，把這兩個字掛在嘴邊的人，都無法讓人信任。

POINT
我也會不小心就說出「絕對……」
「絕對要拜託你了」、「絕對要交」，有些人喜歡用「絕對」來要求別人，這會讓你的話產生束縛感的反效果，千萬不要使用過度。

常說「反正」的人，也要注意！

常說「絕對」的人，以為是自信的表現其實是沒有自信。那常以「反正」當發語詞，做出沒自信表現的人又是如何呢？「反正像我這樣，一個小上班族，能有什麼辦法……」一被客戶說了什麼，他們就會像這樣自貶身價。

這類型的人，會讓人以為他自卑感強烈、認定自己比別人差。其實背後的心態，反而是有點看輕他人，他先讓自己（在客戶面前）站在一個居於劣勢的立場，所以才會差人一等。面對喜歡說「反正」的人，如果以為對方自卑感強烈就有所鬆懈的話，反而會為自己帶來不必要的壓力。毫無真心的「反正」，其實是想讓事情順利帶過的聰明人會說的話，要特別小心！

任誰都有自卑感，不過，過度否定自己的負面思考，有形成憂鬱症的可能性。如果發現自己是容易說「反正

注意(CAUTION)
就是因為這個「絕對」……我才不小心相信他的！
說「絕對」的人，不一定有憑有據。有些人喜歡憑感覺或氣氛來說話，在相信對方的「絕對」之前，先要求他提出證據吧！

（我）……」的人，不妨積極思考，每個人都不一樣，像自己這樣的人，也有屬於自己的優點。

也就是說……

不要被沒自信的人影響，不用太認真回應或輕易相信對方。

其實你根本
沒信心吧？
絕對好用！
我絕對是這麼想的！
也許吧……

麻煩人物 58

不熟的客戶可用私領域話題創造彼此連結

哪些是能夠破冰的話題？

面對往來時間沒有很久的客戶，許多人經常發生無話可聊、話題卡住的窘境。然而在商場上，對於對手的理解越深，工作自然會越順利。這個時候，建議你挑選跟私事有關的話題。

在心理學上，這是運用「脈絡效果」（Context Effect）的心理現象。例如，「最近，我迷上了鐵人三項」等關於興趣的話題，還有像是週末如何度過、最近讀了某本有趣的小說等等的話題都很適合。當然，不要挑一些瑣碎的小事，也不要挑政治或宗教議題，和個人可信度有關的話題也要輕輕帶過。運動、電影、生活品味相關的內容，可以平常就留心，記得其中一兩項的話，或許在某次打招呼的場合中就會派上用場。

POINT
什麼是「脈絡效果」？
對於和自己較親密的話題，人會更積極地投入對話。被最後得到的情報影響，則稱為「近因效應」（Recency Effect）。

讓對方大感興趣的「脈絡效果」

紐約大學的教授費茲西蒙斯（G. J. Fitzsimons）證明「脈絡效果」的方式非常簡單明瞭，以下稍作介紹。首先，先將被實驗者分為兩組，一組的任務是「請簡單介紹你的朋友」，另一組則是「請簡單介紹你的同事」。之後，再提出「還有一些問題，可以請您再花一點時間回答嗎？」。實驗結果，介紹朋友的那組答應的機率是52％，而介紹同事那組答應的機率只有18％。**我們對於朋友和同事的親密感截然不同，自然會影響到自己參與的意願。**欣賞的人物、有感的事情，當客戶對你產生共感，工作上自然能無往不利。

麻煩人物 59

瞳孔與嘴巴可看出你與客戶「有沒有譜？」

掌握對方沒說出口的真心話

用盡洪荒之力的提案報告，客戶聽了後劈頭便說：「不錯，我覺得很好！」看起來非常感興趣，沒想到最後卻以一句「可惜的是這次先不需要……」告結，這種情況所在多有。先不論提案的表現優劣，為了客戶所花費的時間和努力最後被翻盤，自然會有一種受到背叛的感覺。

客戶究竟有沒有興趣，其實可以從他的談話和眼睛中看出來。**人會受到感興趣的事物刺激，當大腦呈現「想看更多」的興奮狀態，瞳孔會稍微放大。**這是為了讓更多光線進入的動物本能。由於瞳孔放大與否與自律神經的作用有關，並無法造假。如果看到對方瞳孔睜大，不妨就開始進行溫暖攻勢，直攻他的心房。

POINT
為什麼人的瞳孔會變大？
人類在遭遇危險或是受到驚嚇的時候，為了看得更清楚，瞳孔會張開讓更多的光線進入。工作上也是一樣的道理。

嘴巴會透漏什麼訊息？

雖然眼睛會因為本能反應透露一些訊息，但光憑瞳孔無法判斷的事情還有很多，這個時候，可以確認一下對方的嘴部動作是否有異常。

例如，無意識間舔舌頭的動作，代表「感興趣」。舔舌頭一般是眼前有美食或是對異性感興趣的時候才會出現的反應，但工作上也是如此。出現感興趣的話題時，身體自然會採取「對自己有利」的姿態接受。如果這時看到客戶的眼睛也睜大了，就要繼續進攻。

另外，對方抿嘴的時候要特別當心。在法庭中，一方的律師在陳辯時，另一方的律師通常通常會出現抿嘴的動作。抿著嘴巴意味著「很難接受」或是「有別的想法」。對方可能是沒有興趣、有別的提案，或是希望降價。最好的方法是，在看到這個動作時先停下話來，輕鬆地詢問客戶的意見，藉

注意(CAUTION)
那堅持不開口的人呢？
不開口的人有兩種可能，一是忍住不說，二是在隱忍怒氣。不管是哪一種都會造成自身的壓力。

此改變作戰策略才是正確選擇。

也就是說……

工作上跟客戶或合作對象有沒有譜？可以從表情得知，請務必觀察對方的眼睛和嘴巴！

瞳孔睜大，等於拿到訂單！
我們回去後會討論一下這個案子……（這個提案很好！我很喜歡！）

麻煩人物 60

與強勢客戶談判可改變視線來取得主導權

光憑視線就能掌控對話主導權

職場上常講求「雙贏關係」，然而在實際的權力關係中，客戶掌控了大半的權力，許多時候我們不得不聽從客戶的要求。什麼樣的行為，才能聰明的讓對話往對自己有利的方向進行呢？

這裡的建議是善用視線的心理效果。俗話說：「眼睛會說話」，正是在形容眼神的巨大影響。對話中，「對視」代表了雙方的對等關係。所以，**刻意地撇開眼神，反而會讓客戶以為「是不是對我有什麼不滿？」而更加在意另一方的姿態**。像這樣掌握對話的主動性，接下來的發展就有如探囊取物。

POINT
撇開眼睛後要看哪裡？
眼神向下給人示弱的印象，眼神轉來轉去則感覺不夠穩重，這時建議看手邊的文件或筆記即可。

面對緊迫盯人的業務，可以擾亂他的步調

有些人不管你如何拒絕，還是不肯放棄，一再地說：「但是……」。不論你提出什麼理由，對方都有辦法反駁，這時，最好的方法就是不聽他說話。一開始就說：「不用、不需要」是最好的辦法。如果還是被纏上，或是處於無法斷然拒絕的狀態，這時候可以藉由說話指南上沒有的答案，用問問題來擾亂對方。先從「這麼好的商品，你們自己也有用囉？」開始，然後繼續以「所以你們公司很賺錢吧？」、「拜訪我們公司也拉不到業務吧？」等問題來擾亂對方步調。不過，太超過的言論可能會淪為騷擾，實戰時也要注意一下……

麻煩人物 61

當客戶提出困難的要求時要先回答 YES！

讓對方軟化的「YES／NO法則」

當客戶提出艱難的要求時，許多人會選擇先說NO，然後再加上附帶條件「不過，如果……的話還是可能的」。如果**一開始就斷然拒絕，會給對方「不積極、沒有幹勁」的負面印象**。最好的態度是擺出一種「希望取得共識」的姿態。

也就是說，一開始一定要先說「YES」，這是在表達「請務必把訂單給我」。接著，才說出「如果……的話」的附加條件，這就是所謂的「YES／NO法則」。當自己開出的條件被拒絕時，可以先說「您說的沒錯」表示尊重，然後再提出其他替代方案，對方會更容易接受。

POINT
如果是那種「絕對辦不到」的要求呢？
這時也要先用 YES 表達尊重對方意見的姿態。就算之後真的拒絕，對方對你還是會有信賴感。

用傲嬌的NO，俘獲對方的心

前文談到「YES／NO法則」，指的是面對困難的要求也要果斷回覆YES，擺出接受對方意見的姿態，先維持良好關係，然後再讓話題往有利的方向進行。另外，當客戶對你的依賴較多時，可以刻意採用強硬的姿態，一開始就說NO，目的是取得「得失效果」（Gain-loss Effect）。

「得失效果」指出，在負面形象後賦予正面形象，會在對方心中形成更強的正面印象。證實此效果的實驗中，「先被貶低再被讚美」和「先被讚美再被貶低」，前者對於對方的印象更好。

對於對方的要求一下就答應，不免被當成軟柿子。這個時候，就算最後會答應，一開始也可以故意先用NO來突襲對方，在對方再度交涉的時候，才以「好吧……但是下不為例喔」的方式來回應，通常會讓你的好感度更高。

注意(CAUTION)
演不出來的時候怎麼辦？
不用想得太複雜。「YES／NO法則」這時候的建議是「如果是我的話，我會怎麼做～」把一切當成自己的事情來發言，一定會讓事情更順利。

簡單來說，就是態度要傲嬌。但這是基於雙方已經有互信關係的前提，以強示強，能讓對方對你的印象大幅提升。

也就是說……

善用說YES和NO的時機，藉此操控對方的心。

嗯，不過……
可以也接受我們
一些條件嗎……
一開始先用YES抓住對方的心，讓他無法逃脫！
好！
沒問題喔!!

麻煩人物 62

初次交涉的客戶不必頻繁約見更能加深好感度

只有熱誠當不了好業務

「訂單就是靠一雙腳走出來的」這種精神教我們：要有訂單就要勤跑客戶，傳達自己的熱情與努力。但是，這樣的做法未免有些太老套，又不是在演上個年代的電視劇，要吸引客戶，建議還是要運用一些聰明的心理學原則。

有個原則是，和客戶見過一次面，雙方也相談甚歡，但之後先不要再安排見面。在良好的第一印象之後，避免聯絡或訪問，可以提升對方心中對於你的好感度，也更符合理想化形象。有了好印象，自然就會把工作委託給你。刻意花費時間見面來讓好感度下降，是愚蠢至極的行為。

POINT
不見面的話，對方會不會忘記我？
不會。根據美國一間大學的調查發現，遠距離戀愛中的情侶，會把對方的形象理想化。頻繁見面的話，分手機率反而更高。

藍、綠兩色對業務工作的加分效果

顏色會對人的心理造成影響，這已經是常識。如果想在「贏得初次好印象後暫時不要見面」再加上顏色效果的話，搭配什麼顏色比較適合呢？

初次見面的時候，請務必選擇綠色。綠色給人穩重、協調性好的印象，容易降低對方的警戒心，讓對方接受你。綠色還能抑制感情、幫助冷靜。冷靜的人自然更知道如何推銷自己的產品。

已經獲取好印象後的再訪時，請選擇藍色。藍色給人知性、信賴感，客戶會更深信自己的好感是正確的，對於工作自然會形成良好影響。

麻煩人物 63

用負面訴求CLOSE只差臨門一腳的客戶

負面行銷有效的原因

不管拜訪幾次，總是以「嗯、好，我再看看」讓你無功而返。擔任銷售業務，或是身為提案者，遇到這種防守型客戶，經常會弄得自己身心俱疲。這類客戶，無論你的提案多麼合理，價格多麼優惠，離成功總是差了「臨門一腳」。這時候，**煽動一點恐懼訴求，會讓工作比想像中進行地更順利**。

但恐怖絕不是拿刀要脅的那種。心理學上使用的概念是「負向框架」（Netative Frame），例如「因為今天沒有確定的話，下個月開始費用就會調漲了」，像這樣以負面的主張為主要訴求。

POINT
為什麼負面訴求會有效？
人類對於負面訴求會比正面訴求更有感。腦科學上也證實了這個道理。

大腦對負面情報更有反應

「戒菸會變健康！」、「吸菸會致癌！」當這兩款標語出現，吸菸者會對於後者的負面主張更有感。當人類的大腦接觸到負面情報時，啟動的是感受壓力的迴路，會開始分泌正腎上腺素（Noradrenaline）。由於正腎上腺素會促進注意力集中，負面情報自然會更容易被吸取。

根據美國的調查指出，所有雜誌廣告中，出現頻率最高的類型便是激起恐懼感的廣告。或許您現在腦中也想到了幾個廣告，關於減肥、美容，或是語言學習等技藝類的廣告，大抵都是將恐懼感植入人心。下次當你遇到遲遲無法下決定的客戶，也刻意用一下恐懼訴求如何呢？

麻煩人物 64

用一句讚美就能收服優柔寡斷的客戶

一句讚美可以讓你直接簽約

好像要簽約了但還是沒簽，在一場困難的商談中，最難的就是最後簽約前的那一刻。如果過度催促，會被嫌煩；如果乖乖等待，敵方陣營可能會殺出程咬金。這個時候，能夠讓客戶做出最後決定的，不是對自家商品的美言，也不是請求，而是像「會選擇這條領帶，您真的很有眼光」這類對客戶的讚美。

每個人都希望自己的存在具有價值，追求一種「自我肯定感」。我們希望自己的優點被指認，進而得到滿足。所以最後的一步，就是滿足對方的自我肯定需求，建立一個好印象，自然會讓你在對方心中的好感度提升。

POINT
要稱讚對方什麼呢？
直接稱讚對方的手錶或領帶很好看是 NG 的，要稱讚的是對方挑選此物的品味，稱讚對方本人，才是提高自我肯定的關鍵。

稱讚的時機也很重要

要提升一個人的自我肯定感，光從外表讚美對方會顯得太刻意，重要的應該是看到對方的本質，例如品味或是人品。若你的目標是簽約成交的話，平常就要對客戶的人格特質與魅力有所掌握。

還有，讚美的時機也很重要。就算你的目的只是希望增加好感度，才會在每次見面都不停稱讚對方，但這種言行不免會惹來客戶的嫌惡，「太明顯了吧，把我當笨蛋嗎？」，當對方這麼想的時候，腦內會釋放警戒的神經傳導物──正腎上腺素，反而會造成不好的影響。稱讚該稱讚的地方、在該稱讚的時候稱讚，然後稱讚對方的人品或是品味。如果還能再加上「為什麼這麼想」、「哪裡厲害」的補述，效果會更好。平日便仔細觀察對方，在心中模擬能夠一舉擒獲客戶的稱讚法吧！

對付難搞魔人的不內傷心理學：
暗黑心理學大師齊藤勇親授——64 個讓人生瞬間舒爽的心理溝通技巧
やっかいな人に振り回されないための心理

作　　者　齊藤勇
譯　　者　周天韻
主　　編　郭峰吾

總 編 輯　李映慧
執 行 長　陳旭華（steve@bookrep.com.tw）

社　　長　郭重興
發行人兼
出版總監　曾大福
出　　版　大牌出版／遠足文化事業股份有限公司
發　　行　遠足文化事業股份有限公司
地　　址　23141 新北市新店區民權路 108-2 號 9 樓
電　　話　+886-2-2218-1417
傳　　真　+886-2-8667-1851

印務經理　黃禮賢
封面設計　萬勝安
排　　版　藍天圖物宣字社
印　　製　成陽印刷股份有限公司
法律顧問　華洋法律事務所　蘇文生律師

定　　價　360 元
初　　版　2020 年 4 月

國家圖書館出版品預行編目（CIP）資料

對付難搞魔人的不內傷心理學：暗黑心理學大師齊藤勇親授——64 個讓人生瞬間舒爽的心理溝通技巧／齊藤勇著；周天韻譯. -- 初版. -- 新北市：大牌出版，遠足文化發行，2020.04　面；公分
譯自：やっかいな人に振り回されないための心理
ISBN 978-986-5511-13-5（平裝）
1. 人際關係　2. 溝通技巧

177.3　　109002559